Das Buch der UNHEIMLICHEN ORTE in Bayern

Fritz Fenzl

Das Buch der UNHEIMLICHEN ORTE in Bayern

Mystische Plätze und ihre Geschichten

Mit Fotos von Raphael Lichius

J. BERG

INHALT

REGION IV
FRANKEN

REGION V
NIEDERBAYERN UND OBERPFALZ

MÜNCHEN

OBERBAYERN

ALLGÄU UND SCHWABEN

FRANKEN

NIEDERBAYERN UND OBERPFALZ

Mellrichstadt
Ludwigsstadt
Bad Brückenau
Bad Königshofen
Coburg
Hof
Rehau
Kronach
Bad Kissingen
Selb
Bad Staffelstein
Kulmbach
Schweinfurt
Haßfurt
Marktredwitz
Bad Berneck
Aschaffenburg
Bayreuth
Bamberg
Tirschenreuth
Würzburg
Klingenberg a. Main
Pressath
Forchheim
Waidhaus
Ochsenfurt
Erlangen
Weiden i. d. Opf.
Uffenheim
Creglingen
Fürth
Nürnberg
Amberg
Rothenburg ob d. Tauber
Feucht
Furth i. Wald
Ansbach
Schwandorf
Cham
Neumarkt i. d. Opf.
Feuchtwangen
Altmühlsee
Regen
Naab
Dinkelsbühl
Greding
Regensburg
Regen
Altmühl
Donau
Nördlingen
Deggendorf
Straubing
Ingolstadt
Freyung
Donauwörth
Neuburg a. d. Donau
Dingolfing
Landau a. d. Isar
Lech
Isar
Passau
Landshut
Günzburg
Freising
Neu-Ulm
Augsburg
Wartenberg
Dachau
Erding
Reischach
Germering
MÜNCHEN
Inn
0 25 km
N
St. Ottilien
Landsberg a. Lech
Lech
Memmingen
Chiemsee
Bruckmühl
Traunstein
Rosenheim
Freilassing
Kaufbeuren
Bad Tölz
Aschau
Bad Reichenhall
Wendelstein 1838
Kempten (Allgäu)
Marktoberdorf
Murnau
Bischofswiesen
Immenstadt
Füssen
Forggensee
Walchensee
Watzmann 2713
Königssee
Königssee
Garmisch-Partenkirchen
Nebelhorn 2224
Hoher Ifen 2232
Oberstdorf
Zugspitze 2962
Westl. Karwendelsp. 2385
1 2 3-7 8 9 10 11 12 13 14 15 16 17 18 19 20 21 22 23 24 25 26 27 28 29 30 31 32 33 34 35 36 37 38 39 40 41 42 43 44 45 46 47 48 49 50 51 52 53 54 55 56 57 58 59 60 61 62 63 64 65 66 67 68 69 70 71 72 73 74 75

EINLEITUNG

Sage und Mythos, das sind wir alle! Die Sage ist ein geistiges Pulverfass, das nun in den 20er-Jahren unseres Jahrtausends nach oben drängt wie nie. Man hat die durchschaubaren manipulativen Mythen der Medien satt: Lebenslügen zu »alle sind gleich«, Globalisierung, Klimawandel etc.

Doch ist die Welt immer schon vom Mythos gestaltet. Mythen gebären nicht nur Helden, sie sind Lebensentwürfe. Den Weg des Helden muss letztlich jeder gehen. Und je wahrer, desto unheimlicher! Denn genau das, was die Tiefenschicht der Psyche anspricht, das bereitet zumeist Unbehagen. Es fordert auf, sich zu besinnen. Das Monster im Walchensee liegt nicht nur im dunklen tiefen Wasser, es liegt tief in uns. Hingehen. Anschauen. Staunen und Gruseln. Zur Besinnung kommen. So ist dieser Band nicht nur Mythenführer, sondern Überlebenstraining für Kommendes, ein Wanderführer hin zum sprechenden Unheimlichen. Und zur Wahrheit des Lebens.

Dieser Band soll aus dem Fundus meiner lebenslangen Beschäftigung mit Sagen und Märchen, mit dem Okkulten und vor allem mit dem Lokalisierbaren, dem magischen Ort, dem Sagen- und Märchenort, Texte mit herstellbaren Aktualitätsbezügen anbieten. Was besagt ein Teufelstritt, eine im Burgfundament eingemauerte Frau, eine boshafte Isarnixe im bedrohlichen Strudel der Ereignisse? Das Unheimliche ist immanent und ergibt sich schockierend oft aus zeitlosem Zeitgeist. Geister überall, aufdringlich und eben unheimlich. Das Buch soll erzählen und im Wortsinne hinführen, nicht wissenschaftlich sezieren. Ahnenwissen drängt nach oben wie aus einem tiefen Brunnen.

Eine erkenntnisreiche Lektüre
wünscht Ihnen

Fritz Fenzl

Region I

MÜNCHEN

1 DOM ZU UNSERER LIEBEN FRAU

ZIEHENDE ENERGIE UND DER TEUFELSTRITT

Der Wind, der Wind, das himmlische Kind! Himmlisch? Nicht immer, wenn es um den Dom zu Unserer Lieben Frau in München geht. Denn um den Dom herum pfeift zu jeder Tag- und Nachtzeit ein schneidiger Wind. Im Winter sind die unheimlichen Sturmwinde um den Liebfrauendom herum fast nicht auszuhalten. Rationalisten erklären das mit einer Kamin- und Sogwirkung, die durch Gassen und Nischen der engen Umbauung entsteht. Aber da steckt mehr dahinter, eine Welt hinter der Welt, die nicht so einfach erklärt werden kann. Das alles hat einen Grund, der gar mit dem Teufel selbst zusammenhängt.

Der Teufel? Im Gotteshaus? So ist es, denn unter der Orgelempore findet sich der weltberühmte Teufelstritt, samt Sporn an der Ferse. Schuhgröße so ungefähr 44. Touristen aus der ganzen Welt suchen diesen bestimmten Platz unter der Orgelempore auf, stehen verblüfft an der Stelle – und staunen mit offenem Mund. Fremdenführer in allen Weltsprachen erklären das dunkle Mysterium. Unheimlich, denn man sieht von hier aus keine Fenster mehr. Die 20 Meter hohen gotischen Fenster im Gotteshaus bleiben von diesem Platz aus tatsächlich unsichtbar. Die Stadtführer und Guides erklären dann den seltsamen Fußabdruck mittig im Marmor unter der Orgelempore: der Teufelstritt!

Aber letzten Endes bleibt es ein ungelöstes Rätsel, wie dieser Fußabdruck des Sparifankerls genau hierherkam. Ein Gesellen- oder Meisterstück eines mittelalterlichen Steinmetzen? Keiner weiß eine schlüssige Antwort. Auch in alten Büchern und

Chroniken ist nichts zu finden. Der Dom ist über 500 Jahre alt und wurde damals in der Rekordzeit von 20 Jahren erbaut. Selten, dass ein Dombaumeister – er hieß Jörg von Halspach – die Konzeption und auch Fertigstellung eines gotischen Gotteshauses selbst miterlebt hat. Das muss doch … mit dem Teufel zugehen?

Richtig. Ohne Pakt mit der dunklen Seite des Daseins keine rechtzeitige Fertigstellung. Der Teufel half mit, aber! Er wollte dann den steingewordenen Weiheakt zerstören mit seinen blindwütigen Winden. Hui, er kam angeritten auf den Sturmwinden, sprang hinein in die nagelneue Kirche, bis zu der besagten Stelle: keine Fenster zu sehen. Teuflisches Hohngelächter fand seinen gruseligen Widerhall in der hohen gotischen Halle des Mittelschiffs. Voller Freude stampfte der Teufel auf. Da war er, der Tritt im Marmor.

Ein anderer Erzählstrang: Der Teufel ärgerte sich über den Prachtbau zugunsten seines ewigen und ihm grenzenlos überlegenen Gegenpartes im Himmel, Gottvater. Denn der hatte alles erschaffen, sogar den Widersacher. Und die Menschen huldigten Gott mit so herrlichen Kirchen und Domen! Und das auch noch in München, der himmlischen Isarstadt. Der Teufel ahnte mit seinem höllischen Weitblick, dass irgendwann in der Zukunft Menschen aus der ganzen Welt nach München eilen würden. Unerträglich. Beelzebub kam zornig auf seinen Winden daher, sprang bocksfüßig in die Kirche, wollte diese zum Einsturz bringen. Aber! Der Dom war schon geweiht, der Teufel darf dann die magische Bannlinie unter der Orgel nimmer überschreiten. Eine energetische Schranke, die jeder Fühlige genau an dieser Stelle spüren kann. Wut, grenzenlos. Dann der Tritt! Klaffend im Marmorboden, bis heute. Weg war er, der zornige Höllenfürst – und die Winde hat er vor lauter Groll und Höllenzorn vergessen.

Der Teufelstritt unterhalb der Orgelempore

Bis heute pfeift's deshalb so arg um den Dom herum. Hingehen und ausprobieren. Die Teufelstrittstelle gilt als einer der energetischen Höhepunkte bei Stadtführungen. Eine linksdrehende Energie herrscht hier, die sogar schwindelig machen kann. Unheimlich, ziehend, bannend und auch voller Rätsel. Und das alles am heiligen und geweihten Ort.

CHARAKTERISTIK Aufregende Kirchenbesichtigung. Der Dom, die Geschichte, der Tritt. Hier steht die Welt Schlange.

START- UND ENDPUNKT Domplatz vor dem Dom zu Unserer Lieben Frau mitten in der Altstadt, Frauenbergl.

VERLAUF Rundgang, ein anschließender Stadtrundgang ist eigentlich unerlässlich.

EINKEHR Augustiner am Dom, Nürnberger Bratwurst Glöckl am Dom, beide direkt im Süden dem Dom gegenüber.

GEHZEIT Fällt nicht ins Gewicht. Man sollte den Dom umrunden, Grabplatten mit Freimaurer-Symbolen an den Wänden.

AUSRÜSTUNG Kirchenbesuch. Angemessene Kleidung. Im Winter außen mit Windschutz.

2 BURG GRÜNWALD

LOCKRUF DER ISARNIXE UND RITTERTOD

Reißend ist die Isar schon vom keltischen Namen her: »die Reißende«. Im Wortsinne mitreißend: Der so dynamische Gebirgsfluss bleibt faszinierend und eben auch unheimlich. Mit Strudeln und Untiefen haben die Stromschnellen böse Tücken, bis zum heutigen Tag. Bei Hochwasser passiert immer noch viel zu viel, oft sogar mit Todesfolge; zumeist wegen Leichtsinn. Das war aber immer schon so.

Wer an der Isar spazieren geht, vor allem wer die Gegend zwischen Harlaching und Thalkirchen aufsucht, oder den wildromantischen Flussverlauf unterhalb von Schäftlarn, der findet zahlreiche Marterl, die recht traurige Geschichten erzählen. Das alles wird einer Nixe zugeschrieben, die damals mit ihrem Lockruf alle Männer verrückt gemacht haben soll. Dort, wo sich heute die sagenumwobene Burg Grünwald hoch über dem Fluss erhebt, hat diese Nixe gehaust und zu Abend- und Nachtzeiten die Ritter angelockt. Ihr süßer Gesang war der einer Circe, das lange Haar floss rotblond über einen alabasterweißen und makellosen Frauenkörper herab. Alles an ihr, Aussehen, aufreizende Bewegung und Gesang, forderten auf: Komm! Raffiniert und verführerisch, dass keiner widerstehen konnte.

So um das Datum 1487 herum vermählte sich der Bayernherzog Albrecht IV. mit Kunigunde, der Schwester des späteren Kaisers Maximilian I. Wie damals üblich, wurde ausladend gefeiert, das opulente Gastmahl zog sich über Tage hin. Unter den Gästen waren auch das Edelfräulein der Burg Grünwald und ein fahrender Sänger, der durchaus gut aussah, aber Starallüren hatte und sich für unwiderstehlich hielt. Als der das stolze und bildschöne Burgfräulein sah, da war er »verloren«. Wer über Minne gelesen hat, weiß um tiefe Gefühle, nicht aber um verlorenen Verstand. Dieser Mann aber hatte im Rausch des Begehrens Verstand und Überblick verloren. Er bedrängte die kokette Adelige mit seiner Liebe, sang, dichtete, verfolgte sie auf Schritt und Tritt. Da er sich für unwiderstehlich hielt, war er sich seines Sieges als Eroberer sicher. Das schmeichelte ihr, mehr aber nicht. Es gehörte ganz einfach zu ihrem dämonischen Plan, dass der Mann so reagierte. Letzten Endes war ihr der Schönling zu dumm. Hoffärtig wie sie war, wartete sie auf einen Besseren, einen Märchenprinzen mit Schloss und Ländereien, begann aber jetzt mit ihrem Verehrer zu spielen wie die Katze mit der Maus. »Tätest du alles für mich?«, fragte sie und warf die tizianroten Haare in den Nacken. »Natürlich: Was soll ich machen, um dir meine Liebe zu beweisen?«, antwortete er geflissentlich. Da schleuderte sie in großem Bogen ihren Ring in die Isar, gerade dort, wo die Strudel am tödlichsten quirlten. Schon sprang er dem Ring hinterher. Das alles vor gaffenden Zuschauern und Höflingen, sodass seine Mannes-Eitelkeit angespornt wurde. Held sein! Bewunderung ernten! Er sprang, genau dahin, wo der wild und rund sich nach unten schraubende Isarstrudel am gefährlichsten aussah. Die wilden Wasser rissen ihn hinab und er ging sofort unter. Für immer. Aber die höhere Macht rächte sich an dem stolzen und vermessenen Burgfräulein. Sie ward in eine Nixe verwandelt, halb Fisch halb Frau. Untot in einer Höhle knapp über dem Wasserspiegel, nahe Großhesselohe oder eben unterhalb der Grünwalder Burg bleibt sie für immer.

Die Burg Grünwald: schön und unheimlich

Dort singt und lockt sie die ganze Nacht, vor allem bei Vollmond. Flößer wissen dies, haben Angst, meiden die inzwischen bekannte Stelle. Denn wer den Lockruf hört, übersieht schnell die Stromschnellen. Auch die modischen Schlauchboote kentern oft, mit Todesfolge. Die Nixe tut ihr Werk – und bleibt unerlöst.

CHARAKTERISTIK Isarwanderung, Floßfahrt, Besichtigung der Ritterburg Grünwald: Die Nixe lauert überall. Also Vorsicht. Die herrliche Natur, das malerische Isartal täuschen.

START- UND ENDPUNKT Burg Grünwald, Parkplatz.

VERLAUF Die Möglichkeiten einer Flussufer-Wanderung sind zahllos. Auch vom Kloster Schäftlarn aus oder vom unweiten Brückenwirt gute Wandermöglichkeiten.

EINKEHR Burghotel Grünwald oder in Grünwald selbst. Kultbiergarten gegenüber Kloster Schäftlarn.

GEHZEIT Je nach Laune. Bei Nixenbegegnung unbegrenzt.

AUSRÜSTUNG Nach Wetter. Lieber Wanderschuhe als Turnschuhe.

3 MARIENSÄULE UND KAMPFPUTTEN

TÖDLICHER BASILISK MIT BÖSEM BLICK

Hunger! Krieg! Pest! Ketzerei! Nicht nur unheimlich, sondern gefährlich und Leben bedrohend. Tödliche Gefahren, und das mitten auf dem Münchner Marienplatz. Aber keine Angst: Die Gefahr ist gebannt. Himmlische Streiter tun ihr Bestes, genau hier. Die Mariensäule bedeutet eine klassische Pfählung des kraftvollen Energieflusses von Mutter Erde. Deutlich sichtbar durch die Achse Neuhauser Straße, Marienplatz, Tal. Also von Westen in Richtung Osten. Drachenkraft wird genau hier an der Säule nach oben geleitet: Altes keltisches Kraftortwissen, das wir von den Menhiren (Hinkelsteinen) her kennen, die von wissenden Druiden genau an solchen heilenden Energiepunkten gesetzt wurden. Und die Mariensäule steckt voller unsichtbarer Geheimnisse – die paradoxerweise deutlich sichtbar sind. Eine Welt hinter der Welt!

Vier kampfbereite Putten, das sind Barockengerl, kämpfen wütend und wild entschlossen gegen vier mythologische Wesen. Die stellen Allegorien dar: Hunger (der Drache), Krieg (der Löwe), Pest (der

Böser Basilisk

Basilisk) und, aus damalig streng katholischer Betrachtung, die Ketzerei, dargestellt durch eine Schlange. Diagonal zum Drachen ein wütend und vernichtend dreinblickender Mix-Wesen-Drache, der Basilisk: Halb Hahn mit bitterbösem Blick, halb Drachenschlange. Deshalb schaut ihn der kämpfende Engel auch nicht an. Blicke können töten! Der »böse Blick«, wer kennt den nicht?

Die aufregende Bedeutung des Basilisken ergibt sich aus der Spiegelbrunnen-Sage: Dieses Lebensenergie saugende Viech saß dereinst im Brunnen und wer Wasser holte, der begegnete dem mörderischen Todesblick – und war auf der Stelle tot. Geniale Lösung: Die Stadtväter hielten einen Spiegel über den Brunnen. Und dann! Das Mistvieh sieht sich selbst und ist hin. Eine Eigenschaft des Bösen zu allen Zeiten. Es will sich nicht selbst sehen oder gar erkennen.

Wer genau hinschaut, der bemerkt deshalb auch, dass der kämpfende Engel dem Basilisken nicht in die Augen schaut, während der Basilisk mit aufgerissenen Augen den Blick des himmlischen Streiters greifen will. Doch das wäre sein Ende. Kämpfen und gleichzeitig wegsehen? Engel können das eben. Im Fachchinesisch der Kunstgeschichte heißen solche Kampfengerl »Heldenputten«. 1641 geschaffen, tragen sie, dem Barock verpflichtet, recht antik anmutende Panzer-Leiberl. Die auf den Schilden der Engerl zu lesenden Worte lauten: »Super Aspidem et Basiliscum [ambulabis] et [conculcabis] Leonem et Draconem«. Heißt: Über die Schlange und den Basilisken wirst Du gehen und den Löwen und den Drachen wirst Du zertreten. Wer nachlesen will: Psalm 91, Vers 13.

Geheimes Dreieck: Die vier mythologischen Wesen der Mariensäule ergeben mit

Im Kampf: Putto gegen Basilisk

dem Drachen des Wurmecks am linken Rathauseck und dem Georgsdrachen am rechten Rathauseck ein gleichschenkliges Dreieck. Und die Gottesmutter Maria, golden und erhaben, thront auf der Säule hoch oben und blickt wissend genau nach Osten, hin zum Tal und zur Isar. Sie ist der ruhende Pol über der wilden Erdenergie, genau im energetischen Drehpunkt der Isarstadt. Wissend, heilend und schweigend.

CHARAKTERISTIK Ein herrlicher und eindeutiger Treffpunkt und ein spürbares energetisches Zentrum. Geografischer Mittelpunkt Bayerns.

START- UND ENDPUNKT Die Mariensäule bildet bei Altstadtführungen den idealen und klar benennbaren Ausgangspunkt. Hier sind Sie gleich überall in der Altstadt.

VERLAUF Wählen Sie die Altstadtführung nach Intuition.

EINKEHR Für Traditionalisten der Donisl, für gesetzte Bürger der Ratskeller, für Leseratten das Café im Hugendubel mit idealer Sicht aufs Rathaus.

GEHZEIT Keine Steigungen. Rundgänge zeitlich nach Belieben.

AUSRÜSTUNG Keine. Gegebenenfalls einen Regenschirm.

4 SANKT PETER UND PETERSBERGL

EIN ZIEHENDER ORT, ERBOSTE TEUFEL, BLITZEINSCHLÄGE UND BRÄNDE

Ein Wahrzeichen Münchens, das es im wahrsten Sinne des Wortes »in sich hat«: Sankt Peter, die altehrwürdige Kirche in der Altstadt, von den Münchnern liebevoll »Alter Peter« genannt. Vom Marienplatz aus gesehen im Südosten lockt unübersehbar der typische Turm mit acht Uhren, also zwei auf jeder Seite. An einer der spannendsten Stellen der Isarmetropole, einer Wiege der Stadtgeschichte und einem Platz von ausgewiesener Magie: Ganz genau da steht das so viele Geheimnisse bergende Gotteshaus.

Der Alte Peter darf sich älteste Kirche der Stadt nennen, er hatte früher nicht einen Turm, sondern zwei, die rechts und links vom Hauptportal gestanden sind. »Die sind auf dem höchsten Fleck von der Stadt droben gestanden, wie zwei Schwurfinger, die das fromme München zum Himmel reckt«, so weiß es ein altes Stadtgeschichtebuch im Archiv. Die dem cholerischen Petrus, dem ersten Papst also, zugeeignete Traditionskirche wurde in der Sage immer wieder von aufgebrachten Teufeln drangsaliert. Gewitter, Blitzschläge, Brände, Zerstörung. Wer den extrem ziehenden magischen Ort aufsucht, das Petersbergl nämlich mit unterirdischen Wasserläufen, den wundert es nicht, was da alles passiert, passiert ist und noch geschehen wird.

So soll es der Teufel persönlich gewesen sein, der im Mittelalter ein gewaltiges Gewitter befehligte und dann einen heißen und verheerenden Blitz mitten in das Gotteshaus hineingelenkt hat. Der Krach war in der gesamten damaligen Stadt hörbar! Zufall? Nein, denn der Platz dieser Kirche birgt ein altes Jupiter-Heiligtum und zieht Wasser und Blitz gleichermaßen an.

Die Münchner haben – dies ist keine Sage – dann tüchtig gespendet, um die geliebte Kultkirche wieder ordentlich herzurichten. Man hat die zwei verbliebenen Turmstümpfe schräg abgeplattet und eingedeckt. Jetzt wurde über dem Hauptportal ein besonderer Turm mit zwei steilen Spitzhauben gesetzt. Dem Teufel und seinen Gesellen missfiel dies: und wieder Blitzschlag. Nicht nur einmal. Der Teufel ließ nicht locker, weiß die Sage. Die Münchner aber auch nicht. Keiner ließ da locker.

Schließlich zeigte der Alte Peter einen schlanken hohen Turm, bis heute. Der Fürst der Hölle hat nun gewaltige Sturmwinde losgelassen, dem damaligen Türmer Sepp Glassl, der ganz oben Wache hielt, ward's um sein Leben bang. Der Teufel – in Form von Orkanböen – hat in blindem Hass auf Gotteshäuser alles getan, um den wackeren Türmer in die Tiefe zu reißen. Der rammte entschlossen dem Sparifankerl ein Kruzifix in den Bauch, was eine zischende und sengende Flamme hervorrief. Fast hätte der Teufel dennoch gesiegt – der Türmer hing schon über der Brüstung! – da schlug die Turmuhr eins. Gott sei Dank. Die damalige Turmspitze saß seitdem schief von dem Geruckel. Und wer zu viel trinkt, sieht das heute noch so.

Übrigens weiß die Sage, die sich mit Historie vermischt, dass an dieser Stelle, dem Petersbergl, die Stadt München ihren Ursprung haben soll: Nach den Ungarneinfällen im frühen Mittelalter haben sich – so die bekannte München-Mär – Benediktinermönche aus der Schäftlarner Gegend im Umfeld des damals noch bewaldeten Petersbergls versteckt. Und deshalb hat München den Mönch im Wappen – und im Namen.

Einst von Teufeln umkämpft: der Alte Peter

CHARAKTERISTIK Ein Kirchenbesuch mit viel Münchner Stadthistorie. Turmbesteigung möglich, herrlicher Rundblick. Das Dunkel im Inneren kommt nicht nur vom gedämpften Licht.

START- UND ENDPUNKT Marienplatz, Mariensäule. Als klarer Treffpunkt eindeutig und auffindbar. Von hier aus ist der Petersturm südöstlich sichtbar.

VERLAUF Mit Stadtbummel und Besuch des direkt der Apsis benachbarten Viktualienmarktes ideal kombinierbar.

EINKEHR Gesamte Altstadt. Eine Spezialität im Stehen auf dem Viktualienmarkt bietet sich an.

GEHZEIT Fällt nicht ins Gewicht. Bei Stadtbummel grenzenlos.

AUSRÜSTUNG Stadtkleidung, je nach Jahreszeit.

Umseitig: Das Lächeln der Katakombenheiligen Munditia im Alten Peter

CORPVS SANCTA

MVNDITIA MARTYRIS

5 RESIDENZ MÜNCHEN

VORSICHT VOR DEM »SCHWARZEN«!

Glühendes Gold fressen müssen! Fürwahr keine schöne Art, Reichtum zu haben. Und das alles in der Hölle! Wer denkt daran, wenn er die prunkvolle Münchner Residenz besichtigt? Dort im Brunnenhof einem Sommerkonzert lauscht oder im Januar beim Staatsempfang dem Landesfürsten die Hand schüttelt?

Zwischen dem Hofgarten, einem der wunderbarsten Kraftorte von München, dem Odeonsplatz, der Feldherrnhalle, der Theatinerkirche und der Oper ein magisches Dreieck bildend, liegt unübersehbar die ausladende Anlage der Münchner Residenz. Sie war Sitz der Wittelsbacher Regenten bis 1918. In vier Jahrhunderten in vier verschiedenen Bauphasen zusammengewachsen, gibt sie ein sehr lebendiges Zeugnis von höfischer Kultur in Europa. Magie und Macht sind hier immer schon zu Hause.

Die Hofkirche

Im Jahre 1992 hat die Residenz gar den Weltwirtschaftsgipfel beherbergt. Macht bleibt immer an besondere Kraftorte gebunden. Was aber selten gesagt wird: In der Residenz geht zur Nachtzeit »etwas Schwarzes« um! Das ist nun keine Anspielung auf die bayerischen Politiker, die hier seit langer Zeit das Sagen haben, zumeist »die Schwarzen« genannt. Nein, es handelt sich um ein grauenhaftes, sagenumwobenes Teufelswesen. Ein schwarzer Pudel soll da umherstromern, mit glühenden hasserfüllten Augen. Augen, die sogar töten können. Und das hat eine recht dunkle Vorgeschichte.

Dereinst ist München (eine Sage sagt es so) von den Österreichern besetzt worden. Kaum vorstellbar, wo doch der weißblaue Ritter den rotweißen Österreicher beim Glockenspiel täglich unter dem Gejohle der Touristen aus dem Sattel wirft. Dieses Turnier geht auf die Hochzeit des späteren Herzogs Wilhelm V. von Bayern mit Renata von Lothringen im Februar 1568 zurück. Aber es soll halt ein Bayer die versteckten Schätze der Residenz (und damit die Kriegskasse) an Österreicher verraten haben. Das tut man nicht. Der Verräter wurde erkannt, gefasst, hingerichtet. Da er aus sehr niederen Beweggründen gehandelt hat, aus reiner Selbstbereicherung, fuhr er augenblicklich hinab in die Hölle. Da kennt die Sage kein Pardon. Dann musste er das gesamte verratene Residenzgold geschmolzen, heiß glühend in sich hineinfressen. Was für ein brutales Bild für einen, der »den Hals nicht vollkriegt«!

Wie so oft ist an dieser Sage viel Wahres dran. Denn letzten Endes kann man Geld und Gold nicht essen. Und um satt zu werden, braucht es keine gigantischen Reichtümer. Macht und Geltungssucht haben aber den Menschen immer schon korrumpiert. Der unerlöste Residenzgeist könnte ein schlimmes Lied davon singen. Und so spukt er, unerlöst, bösartig, voller Hass, nachts durch die hohen Räume. Das glühende Gold leuchtet aus den Augen, aus dem Maul schlagen die lodernden Flammen der Hölle. Um Mitternacht ist stets Schluss mit dem Höllenspuk.

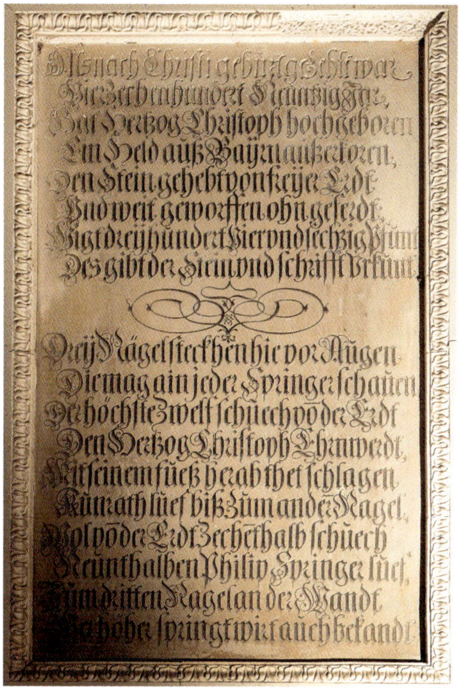

Steintafel mit sagenhafter Inschrift

Manchmal, wenn bei festlichen Empfängen die Großkopferten mit Frack, Schärpe und Orden hier versammelt sind und der Beobachter staunend in deren Augen schaut, erkennt er: Der Geist der Ich-Sucht und Raffgier lebt!

CHARAKTERISTIK Sehr ausladender Bau, dem man die lange wechselvolle Geschichte ansieht. Macht – bis heute spürbar.

START- UND ENDPUNKT U-Bahn-Station Odeonsplatz (U4/U5). Beim Aufgang sind Feldherrnhalle, Theatinerkirche und Residenz bereits im Blick.

VERLAUF Mit Stadtbummel ideal kombinierbar. Es gibt offizielle Führungen. Im Norden der Residenz der wunderbare Hofgarten mit dem Diana-Tempel ist ein Kraftort-Leckerbissen und ein Muss.

EINKEHR Feldherrnkeller in unmittelbarer Nähe, Teil der Residenzbauten.

GEHZEIT Fällt nicht ins Gewicht.

AUSRÜSTUNG Stadtkleidung, je nach Jahreszeit.

6 DER »SCHÖNE TURM«

WO SCHRECKLICHES PASSIERTE

Mitten in der Fußgängerzone, genau vor einem alteingesessenen Herrenausstatter-Bekleidungshaus, finden Sie, sieben mal sieben Meter als unübersehbare Granitfundamente im hellen Straßenpflaster (für den, der hinschaut!) ein magisches Quadrat: Genau an dieser hochenergetischen Stelle stand dereinst der »Schöne Turm«. Tatsächlich war das ein besonders sehenswerter Torturm, Kaufingertor geheißen, durch den es damals aus der inneren Stadt hinaus- oder hereinging. Bald aber hatte das auffällige Bauwerk die Bezeichnung »Schöner Turm« weg. Wegen Baufälligkeit wurde der Torturm 1479 abgerissen, bis 1484 im spätgotischen Stil neu errichtet. Sagenumwoben war er von Anfang an, hing doch hier oben das Arme-Sünder-Glöcklein, das den Verurteilten die letzte Melodie spielte. Mechanische Turmmänner gab es zu bestaunen und eine drehbare Kugel zur Stundenanzeige: Dieser Turm war immer schon ein Hingucker.

Den klingenden Namen »Schöner Turm« bekam er aber wegen der kunstvollen Fresken, die seine Stockwerke wundersam zierten. Pauker, Trompeter, Fahnenträger, all die großen für die bayerische Geschichte wichtigen Schlachten: Etwas fürs Auge, denn jedes Bild sagt mehr denn tausend Worte. Heute in Zeiten des Denkmalschutzes unfassbar: Im Jahre 1807 wurde dieser Bilderbuchturm abgerissen, seines engen Durchganges wegen, das optische Juwel musste nur deshalb weg, weil es im Wege stand. Heute würde der »Schöne Turm« wohl zum Weltkulturerbe zählen.

Doch da ist etwas sehr Dunkles. Wenn man den alten Sagen und Mären, die sich um den besetzten Ort ranken, folgt, dann hat dieses magische Quadrat eine okkulte Besonderheit: Man wird – genau hier – hellsichtig. Sie können sehen, was die Zukunft bringt. Das war schon immer so, man hörte hier vor den anstehenden Schlachten das Schnauben und Wiehern der Rösser, verzweifelte Schreie der Verletzten, das Klirren der Schwerter auf ehernen Schilden, hastige Zurufe der Krieger … Genau dieser Ort war immer schon magisch aufgeladen. Als damals der Turm abgerissen werden sollte, war die Vision ebenso, man vernahm Rasseln von Harnischen und Säbeln, hörte wegsprengende Rösser. Wer sich in okkulten Zusammenhängen auskennt, der weiß, solch ein Spuk, solch eine Besetzung hat immer einen Grund: Geister und Dämonen sind ortsgebunden, Verstorbene müssen gar oft an die Stätten ihres zumeist unguten Wirkens zurück! Ohne Zweifel wirken hier vagabundierende Seelen, die nach Erlösung suchen. Und oft auch helfen. Aber man soll die Geister zu unterscheiden wissen.

Vielleicht hängt der Geisterspuk an diesem Platz mit dem wackeren Goldschmied zusammen, der hier sein Leben verlor. Nicht nur Sage, traurige Wirklichkeit: Einst brachte eine reiche Patrizierin ihr kostbares Geschmeide zum Umarbeiten. Der aufrichtige Goldschmied, Meister seines Faches, ganz oben im Turmzimmer, ließ das Fenster offen, eine diebische Elster nahm den Schmuck, der gar so schön glitzerte, hinweg – das teure Geschmeide blieb fortan unauffindbar. Der Goldschmied, unschuldig schuldig, wurde zum Tode durch das Richtschwert verurteilt. Zwanzig Jahre später fand man den vermissten funkelnden Wertgegenstand im Dachstuhl wieder; der unschuldig Gerichtete wurde nun von ungeweihter Erde in geweihte Erde umgebettet. Hingerichtete durften nicht innerhalb der Friedhofsmauern beerdigt werden. Seine verzweifelte Seele aber geht weiter um.

Im Nacken drückt es! Der »Schöne Turm« an der Hirmer-Fassade

CHARAKTERISTIK Typischer Fleck zum Altstadtrundgang. Meistens sind an der Stelle viele Menschen unterwegs, die ohne Ahnung das magische Quadrat überschreiten.

START- UND ENDPUNKT Bei Stadtführungen ist immer die Mariensäule auf dem Marienplatz ein idealer Start- und oft auch Endpunkt. Von hier ca. 10 Minuten.

VERLAUF Vom Marienplatz die Kaufinger Straße westwärts in Richtung zum Stachus (Karlsplatz) und zurück.

EINKEHR Fast gegenüber des ehemaligen Schönen Turmes: das Augustiner Stammhaus. Tradition und Kult.

GEHZEIT Fällt nicht ins Gewicht.

AUSRÜSTUNG Stadtkleidung, je nach Jahreszeit.

7 GRUFT VON SANKT BONIFAZ

OKKULTES DAUERLICHT, SCHÄDEL UND GEBEINE

Jenseitslicht? Unerklärliche Helle! Menschenschädel und Gebeine, seltsame Flüssigkeit! In der Krypta von Sankt Bonifaz, also der unterirdischen Grablege der Äbte und vieler Padres, da herrscht, neben dem so bannenden brummenden Raumklang, ein seltsamer Lichteffekt. Selbst wenn das elektrische Licht gelöscht wird, ist eine innere Helle wahrnehmbar, ein sanfter Lichteffekt, der letztlich im Betrachter entsteht und die Sinne verwirrt.

Warum und wie? »Unerwartete Helle in der Gruft« wird das eigenartige und unheimliche Strahlen aus sich selbst genannt, das schon in einem alten Folianten Erwähnung fand: Ein seltener Band aus den Beständen der Staatsbibliothek gibt Auskunft über die historischen Hintergründe – und auch über die geheim gehaltenen Abgründe des Andechser Mutterklosters Sankt Bonifaz in der Münchner Karlstraße, übrigens in unmittelbarer Nähe zum Königsplatz. »Lautlose Sprache aus dem Jenseits …«, steht da zu lesen. Denn hier unten im Halbdunkel herrscht eine Stimmung, die man am besten mit Jenseitsklang beschreiben kann. Das kommt nicht von Ungefähr. All die in diesem Zwischenlicht-Raum in zugemauerten Nischen hinter schweren Steinplatten ruhenden Verschiedenen: Sie sind nicht tot. Denn der Geist, den ein Wissender zu Lebzeiten entwickelt hat, der bleibt.

»Sterben heißt noch lange nicht tot sein …«, das hat der Benediktinerpater Frumentius Renner aus Sankt Ottilien immer gesagt. Nun hätte das eigenartige Dauerlicht wohl noch Jahrhunderte weiter geleuchtet,

Die Sankt-Bonifaz-Fassade

im Dunkel einer Nische der Gruft, die mit einer trennenden Zwischenmauer versehen war. Aber irgendwann fanden Renovierungsarbeiten statt. Und dieser Schein aus dem Nirgendwo fällt bei den Ausbesserungsarbeiten einem beteiligten Handwerker auf: Berichtet wird, es bemerkte endlich einer von ihnen bei einem Mauerdurchbruch in einer größeren Öffnung die »unerwartete Helle in dem Dunkel«. Der erstaunte und fassungslose Arbeiter rief seinen Mitarbeitern zu: »Licht! Licht!« Alle eilten herbei, sahen und staunten. Manche packte das Grauen des Todes. Zum Vorschein kommt ein mysteriöses Lampenglas, im alten Originaltext einem Bierglas vergleichbar, das mit gelblicher Flüssigkeit gefüllt war. Weiter wird wörtlich berichtet: »Neben dem sonderbaren Lampenglase stand ein unglasierter Topf, in welchem sich mehrere Gebeine, unter diesen ein schalenförmiges, etwa eine Hirnschale, befanden. Beim Herausheben durch die Maurer zerbrach das Gefäß und die fast vermoderten Gebeine konnten nicht mehr gesammelt werden.«

Das alles deutet auf einen vorchristlichen Kult hin, wenn nicht gar ein okkulter Geheimbund in der Gründungszeit des Klosters oder gar lange vorher hier am Werke war! So ergibt eine Schlussfolgerung: Die Lampe muss wohl aus heidnischer Vorzeit stammen und beim Zeitpunkt der Entdeckung bereits mehrere Jahrhunderte gebrannt haben! Man soll beachten: Der magische Ort der Krypta Sankt Bonifaz ist eine erlebbare Raum-Zeit-Schleuse. Der Autor hat seit Jahren mehr über die Sache erfahren wollen und immer wieder Mönche und Äbte gefragt. Doch nur ein erschrockenes Schweigen war die Antwort.

CHARAKTERISTIK Unheimlicher geht es kaum. Alleine in dieser Gruft, zwischen den längst verstorbenen Benediktiner-Padres und Äbten in zugemauerten Wandnischen, da fühlt man sich ziemlich verloren. Man fühlt: Sterben heißt noch lange nicht tot sein.

START- UND ENDPUNKT Haupteingang Abtei Sankt Bonifaz in der Karlstraße, unmittelbare Nähe zum Königsplatz.

VERLAUF Durch die Kirchenrundung, links am Altar vorbei eine Tür, dann ein Vorraum, Treppen hinab zur Gruft.

EINKEHR Nichts in unmittelbarer Nähe. Lieber das kurze Stück in die Innenstadt gehen.

GEHZEIT Fällt nicht ins Gewicht.

AUSRÜSTUNG Kirchenbesuch. Angemessene Kleidung.

8 MAGDALENENKLAUSE

MEMENTO MORI UND VERFALL IM SCHLOSSPARK NYMPHENBURG

Lost Place? Ein verlorener Platz, ein Anti-Ort? Nicht erst in unserer Zeit gilt so etwas als Mode-Erscheinung und abwegiger Reisetipp. Wer den Überfluss und den Wohlstand satt hatte, (wer also unermesslich reich war und die Armut oder Entbehrung zur Kurzweil brauchte, wirklich Arme kommen bestimmt nicht auf solche Gedanken) der griff schon zur Zeit des Barock zu solch bizarren Erbauungsmitteln.

Auffällig, wie wenige Besucher selbst an gut besuchten Feiertagen die Ruine der Magdalenenklause im Nymphenburger Schlosspark aufsuchen. Der Ort ist wortwörtlich im Schatten, bleibt verborgen, lässt sich suchen. »Da will ich nicht hin«, sagt ein Nymphenburger, den ich oft im Schlosspark treffe, »überall hin, nur nicht zu dieser verwunschenen Klause!« Der Platz dieser an Verfall, Tod, Vergänglichkeit mahnenden Ruine, die als solch steinerne Vergänglichkeits-Demonstration schon geplant war, ist bewusst gewählt: Im nordöstlichen Teil der herrlichen Parkanlage findet sich der in seiner Art einzigartige Bau mit Mauerrissen und abgesprungenem Putz, auf einem Quellgebiet zwischen auffallend hohen und zu jeder Tageszeit Schatten spendenden Bäumen. Die abseitige Position und die gewollte Dunkelheit in dem sonst so lichttrunkenen Schlosspark korrespondieren mit dem inneren und äußeren Verfall der Eremitage. Ein barockes Memento mori als Gegenpart zur schieren barocken Lebenslust, den ausladenden Festen der Zeit und dem Entzücken der drei hellen Lustschlösschen

Die Magdalenenklause im Nymphenburger Schlosspark

im Park. Genau so wirkt die Magdalenenklause auf das Gemüt: Unheimlich und mahnend, aber auch daran erinnernd: Ich lebe! Ich lebe … jetzt!

Die Klause oder sogenannte Eremitage, im Inneren mit einer düsteren Muschelgrotte und vier einfachen, zellenartigen Wohnräumen ausgestaltet, wurde in der Spätzeit Max Emanuels ab 1725 von Joseph Effner erbaut. Man sollte wissen, dass solch eine Eigenart der barocken Schlossbaukunst des späten 17. und auch 18. Jahrhunderts als Flucht aus dem höfischen Zeremoniell gedacht war, als religiös-philosophische Besinnung und zugleich eine gewollte Naturverbundenheit im »Abseits«, die zur inneren Schau führen hätte müssen. Ein höfisches Gegenstück zu den Eremitorien, den Einsiedeleien vieler Klöster. Hier allerdings wurde klösterliche Einsamkeit und spirituelle Verinnerlichung nachempfunden, um das Ego zu stärken. Die seelenpackende Wirkung von Ort, Gesinnung und morbidem Anblick rührt auch von einem Brünnlein im Innern der Felsengrotte. Die Ortssage will wissen, dass dort eine Statue der frommen Büßerin Magdalena hat bitterlich weinen müssen. Warum? Vielleicht wegen der Doppelmoral nicht nur des damaligen Fürsten?

Magdalena ist die geheimnisumwitterte Frau neben Christus, der Name der Klause bestimmt kein Zufall. Das Wasser heilt Augenleiden, so sagt man, nur zur Sommersonnenwende konnte auch die Bevölkerung die Klause betreten und Wasser holen. Unheimlich ist auch, dass bei der Einweihung der Eremitage im Jahre 1728 der Kurfürst gar nicht mehr gelebt hat … Umrunden Sie die Klause mehrmals und achten Sie dabei auf Ihre Gedanken. Die sind dann ganz und gar nicht morbide, eher aufbauend und kreativ. Ein Geheimnis des Ortes?

CHARAKTERISTIK Memento mori, auch Verfall und Sterben kann schön sein – wenn man gesund ist und lebt.

START- UND ENDPUNKT Vor dem Schloss Nymphenburg.

VERLAUF Vom Schloss aus ins Innere des Parks, durch den schlossnahen Teil mit Rundbecken und Fontänen, das sogenannte Parterre. Den rechten Weg bis zum Palmenhaus nehmen, hier rechts abbiegen und nochmals nach rechts in die Schattenwelt der Klause.

EINKEHR Palmenhaus in unmittelbarer Nähe. Östlich vom Schloss, nördliche Auffahrtsallee: der legendäre Metzgerwirt. Und natürlich, ganz in der Nähe, der Hirschgarten – der wohl schönste Biergarten der Welt.

GEHZEIT Zur Klause ca. 20 Minuten, aber ein ausgedehnter Parkspaziergang ist empfehlenswert.

AUSRÜSTUNG Keine besondere. Nach Jahreszeit.

9 AUGUSTINERKELLER

GAUDI, GRAUEN UND KOPF-AB-RICHTPLATZ

Das Hochgericht – hier? Der Galgen auf dieser kleinen Erhöhung gleich neben der Arnulfstraße, wo heute Kinder spielen, sodass die Eltern in Ruhe eine Maß Bier trinken können? Ein seltsam »zweischneidiger« Ort ist der Augustinerkeller in München, Arnulfstraße stadteinwärts, kurz vor dem unübersehbaren Hochhaus des Bayerischen Rundfunks.

1812 findet der Augustinerkeller eine erste Erwähnung als kühle Lagerstätte des Bieres. Was aber wenige wissen: Genau hier war die Hinrichtungsstätte, das sogenannte Hohe Gericht. Menschen wurden dort, wo heute an schönen Tagen der Schickeria-Biergarten überfüllt ist, rechtmäßig getötet. Der Name »Hohes Gericht« stammt wohl von der Erhöhung des Galgenortes, zumeist des Galgenberges. Auf Mittelhochdeutsch halsgerichte und hohgeriht; auf Mittellateinisch iudicum maius, auch iudicum sanguinis. Unheimlich allein schon die Benennungen!

Sie spüren die Geister der Vergangenheit, wenn Sie an nebeligen Herbsttagen den leeren Biergarten betreten, sich vom Haupteingang Arnulfstraße her nach links

Ein Helles am Dunkelort

wenden. Vornehmlich wurde hier indes geköpft. Vor knapp 160 Jahren übrigens wurde in München die letzte Hinrichtung mit dem Schwert vorgenommen. Die Stadtchronik weiß vom 12. Mai 1854, da der ledige Sattlergeselle Christian Hußendörfer dran glauben musste. Der Scharfrichter Schellerer stellte sich so dumm an, dass er erst mit dem siebenten Schwerthieb das Haupt vom Rumpf wegbrachte, was spürbaren Unmut im Volke hervorgerufen haben soll. Die Menge brach in ein vernehmbares Murren aus, »Übelkeiten« unter dem Militär als auch unter den Bürgern wurden laut. Mehr noch, der stümperhafte Henker musste von Kürassieren vor der wütenden Menge geschützt werden. Vielleicht war das so ähnlich wie beim Stierkampf, bei dem zwar überhaupt kein Mitleid herrscht und Empathie ein Fremdwort ist, wo aber Können und Geschick vom Torero verlangt werden. So auch hier, das Gewurstel des Scharfrichters machte den Mob böse. Der Ruf nach dem Fallbeil gewann an politischem Gewicht. Oh weh, und das dort, wo heute Vergnügen und Münchner Bierseligkeit regieren.

Aber der Fühlige spürt das Unheimliche, denn Gewaltakte wie Hinrichtungen bleiben einem Ort auf Dauer einbeschrieben. Wir spürten das bei Fotoaufnahmen in einer Winternacht. Das fröhliche Gejohle der Eisstockschützen dort, wo im Sommer die Bierbänke stehen, konnte das Grauen des Todesortes kaum überdecken. Die letzte öffentliche Hinrichtung in München soll dann 1861 gewesen sein, die Öffentlichkeit blieb später ausgeschlossen. Hinrichtungen, dann zumeist von politischen Gefangenen in Stadelheim ziehen sich – leider – bis in die Zeit des Nationalsozialismus. Die

Richtschwert und Bierkult: beides reine Kopfsache

Geschichte der Hinrichtungen und der Todesorte bleibt so krude wie der Gedanke an die Todesstrafe selbst ist. Nach dem stümperhaften Köpfen damals in München kam schon am 19. August 1854 die Guillotine zum Einsatz. Henker in München stammten zumeist aus dem Verbrechermilieu und führten den Titel »Meister«. Die Orte? Hier, beim Augustinerkeller, dann, zumeist fürs Hängen, nördlich der heutigen Landsberger Straße, etwa bei der Hackerbrücke.

CHARAKTERISTIK So seltsam das klingt. Herrliche Biergarten-Atmosphäre. Unheimlich allerdings an kühlen Tagen oder zur Nicht-Biergarten-Zeit, wenn Sie allein kommen.

START- UND ENDPUNKT Haupteingang Arnulfstraße.

VERLAUF Kleiner Rundgang. Dann ein Stadtbummel angebracht. Marsfeld und Zirkus Krone in unmittelbarer Nähe.

EINKEHR Sie sind schon da! Bei schlechtem Wetter innen, große Räume, gute Bedienung, herrlicher Schweinsbraten. Auch die übrige Karte mit feinem Preis-Leistungs-Verhältnis.

GEHZEIT Nicht erwähnenswert. Außer Sie starten eine Altstadttour Richtung Osten. Von hier aus ist man schnell in der Altstadt.

AUSRÜSTUNG Keine besondere.

Region II

OBERBAYERN

10 MARIA EICH IM WÜRMTAL

WUNDERHIRSCH UND BANNENDER KLANGGARTEN

Ein abgejagter Hirsch sucht Hilfe und Schutz unter einer Eiche? Wie kann das sein? Gar nicht weit von der südwestlichen Münchner Stadtgrenze, im wunderbaren Würmtal gelegen, nahe von Planegg und Krailling, da findet sich ein Kraftort der Heilung, der Transformation und des Wunders. Maria Eich. Maria im Eichenhain. Ist doch die tiefwurzelige Eiche ein Baum der Kraft und Energie. Und ein neu angelegter magischer Rundgarten der gewollten Entrückung lädt zum Eintritt in magische Zwischen- und Klangwelten.

Das Seelengärtlein wurde erst im Sommer 2015 als Wunsch eines heimgegangenen Augustinermönches eingerichtet. Der Besucher findet ein von heilenden Pflanzen und Halbschatten spendenden Bäumen gesäumtes Rund vor. Magischer Zirkel der Einkehr und Heilung. Ein Zauberkreis, in dem dezent gesetzte Klangsäulen unaufdringliche Sphärenmusik schenken. Bequeme Liegestühle laden zu körperlicher und mentaler Entschleunigung.

So sehr die Örtlichkeit berührt, man spürt eine fordernde, fast saugende Kraft des Ortes. Der Ort ist nicht so harmlos, wie er sich gibt, der Ort nimmt einen mit! Maria Eich hat heilende Tradition und ist von zahllosen Gebeten durchwoben. Zu Beginn des 18. Jahrhunderts stellten gläubige Burschen eine Madonna in den Hohlraum einer Eiche. Ort und Madonna als Fokussierung heilender Wünsche halfen gleichermaßen; es folgte, des anwachsenden Zustromes wegen, bald eine Holzkapelle … So wuchsen und reiften der Ort, der Glaube, die Zahl der nachweisbaren Heilungen; bis zur heutigen

Kapelle, dem Kloster und dem abgesägten Gnadenbaum. Dass ein zu verehrender Baum eher heidnische Tradition hat und in den Bereich der vorchristlichen Naturreligionen gehört – wen stört das?

Der Kern der Sage, an einer Tafel abzulesen, ist dieser: Der Kurfürst von Bayern hielt dereinst hier eine große Jagd ab. Bald war das Treiben der Jäger und Hetzhunde im vollen Gange, da kam dem Fürsten der prächtigste Hirsch seiner Karriere vor Augen. Er verfolgte das Tier unbarmherzig über Stock und Stein, schließlich suchte der Hirsch Schutz an einem Baum, eben jenem, der heute noch in einem dunklen

Der Hirsch als Überlebender

Nebenraum der Kapelle von Pilgern besucht wird, mit der Madonna in einer Nische des Holzes. Das rührte die gesamte Jagdgesellschaft, man ließ das prächtige Tier, das offensichtlich mit höheren Mächten Kontakt hatte, am Leben. 1743 erbaute man ein Kapellchen über dem Baum, bald folgte, weil immer mehr Pilgerer kamen, eine größere Kapellenkirche. Im Jahr 1743 fuhr ein gewaltiger Blitz krachend in den Baum – solche Orte sind niemals nur friedlich, sie sind mit unheimlicher Kraft geladen! Das Gnadenbild blieb indes heil.

»Ein abgejagter Hirsch in seiner vollen Flucht/Hat Schutz und Sicherheit an diesem Baum gesucht/Der Churfürst selber kommt und sieht das Schauspiel an/Er giebt (sic) dem Tiere Schutz und wandte seine Bahn.« So berichtet eine Tafel an der westlichen Kapellenwand. Lauschen Sie nach innen, mit dem Ohr der Seele. Sie hören das Heilige, ebenso aber auch den Abgrund des Seins. Denn Heilung und Verderben liegen oft gefährlich nah beieinander.

CHARAKTERISTIK Gnadenort, Ausflugsziel, Klanggarten und Spuren der Macht und des Jagdtriebes. Ein Eichenhain und der weite Klosterwald tragen zur Seelen transformierenden Stimmung bei.

START- UND ENDPUNKT Parkplatz von Maria Eich.

VERLAUF Vom Parkplatz ist die Kapelle schnell erreichbar und der Klanggarten hörbar. Von hier aus zahllose Wandermöglichkeiten in jede Richtung im alles umgebenden Klosterwald möglich.

EINKEHR Nichts in unmittelbarer Nähe. Brotzeit mitnehmen.

GEHZEIT So wie beschrieben ca. 20 Minuten. Ausgedehnte Waldwanderungen bieten sich an.

AUSRÜSTUNG Je nach Jahreszeit. Keine Steigung.

11 GRAB DES PATER FRUMENTIUS

WAHRE WUNDER IN SANKT OTTILIEN

Sterben heißt noch lange nicht tot sein!« Das steht im geheimen Nachlass des wunderbaren Benediktinerpater Frumentius Renner, der am 18. Dezember des Jahres 2000 in die andere Welt hinübergetreten ist. Bei der Beschäftigung mit dem charismatischen Pater ändert sich der Blick auf die Welt im Jetzt und Dann. Er sprach oft von Dämonen und Teufeln und wie man dem stets drohenden Abgrund begegnet. Pater Frumentius prophezeite genau jene kollektiv-mentale Aufgewühltheit und Verwirrtheit der Massen, die nun in den beginnenden 20er-Jahren des 3. Jahrtausends eingetreten ist.

Bei der Auseinandersetzung mit dem hellsichtigen Benediktinerpater wird klar, dass »sterblich« nur ein Menschenwort ist. Sterblich kann nur der Tod selbst sein! Alles ist nur ein Übergang. Der Ort wirkt. Ein Grab auf dem Friedhof von Sankt Ottilien, Grab Nr. 222. Sie spüren schon beim Hinzutreten: ein geheiligtes Areal der Hoffnung. Aber auf viele wirkt der Ort unheimlich und fordernd. Und ein außerordentliches Phänomen wiederholt sich am magischen Ort, von dem fast jeder zu berichten weiß: Dieses seltsame Leuchten! Manche Besucher sehen pastell-leichte Farben, auch sphärische Klänge wurden gehört. Zahlreiche beschriftete Steine auf der Graberde und voller Dankbarkeit hingestellte Engel, Gaben, die allesamt von erfüllten Heilungswundern zeugen.

Wer über wahre Wunder und Höhepunkte des persönlichen Nachlasses, den der Kenner der Zwischenwelten mir überlassen hat, informiert sein will, der möge

Wahre Wunder. Aufzeichnungen aus dem geheimen Archiv des Pater Frumentius über das Wirken von Engeln und Dämonen (München 2000) zur Hand nehmen. Die Geschichten sind wahr, wunderbar, magisch, im Christus-Sinne christlich, aber sie bleiben abgründig und okkult zugleich. Man spürt die seltsam suggestive Wirkung. Letztlich ist das Wissen um diese Mächte nicht ungefährlich. Immerhin, der weise und wissende Pater empfing regelmäßig den (noch vorpäpstlichen) Kardinal Ratzinger, stand mit dem Urvater der Parapsychologie, dem von dunklen wahren Geschichten umwölkten Grafen von Schrenk-Notzing in regem Kontakt. Und er kannte sämtliche zu seiner Zeit lebenden und tätigen Exorzisten.

Frumentius polarisierte. Aber selbst der neutral gehaltene offizielle Text des Klosters anlässlich seines Ablebens attestiert ein »waches Gespür für alles Geheimnisvolle, das hinter jenen Dingen steckt, die wir mit unseren fünf Sinnen wahrnehmen«. Durch seinen geschulten furchtlosen Umgang mit Dämonen bleibt er aber für viele sehr unheimlich. Wohl keine der älteren oder neueren Verschwörungstheorien und Voraussagen haben so viel realen Hintergrund wie das ausgesprochene und mehr noch das unausgesprochene Wissen des charismatischen Paters, der zeitlebens und über den Tod hinaus geheimnisumwittert bleibt. Frumentius besaß die legendären, in die kommende Zeit blickenden Feldpostbriefe von Andreas Rill. Diese sagen eine Zukunft mit allen Abgründen voraus: die Realität von heute. Er hatte einen sehr einflussreichen Kreis um sich gesammelt, Charismatiker, Seher und Heiler. Der Kreis besteht, soweit die Mitglieder am Leben sind, heute noch. Auf uralter keltischer Kultstätte liegen der heutige Friedhof von Sankt Ottilien und das geheimnisvolle Grab.

Grab Nr. 222 auf dem Friedhof von Sankt Ottilien

CHARAKTERISTIK Vordergründig ein Klosterkirchen- und Friedhofsbesuch. Doch die »Welt hinter der Welt« scheint am Grab Nr. 222 auf wie selten sonst.

START- UND ENDPUNKT Großer Parkplatz von Sankt Ottilien.

VERLAUF Vom Parkplatz genau Richtung Süden den Weg entlang an den Klosteranlagen vorbei, dann nach den Gebäuden und der hohen Mauer links in den Weg, die Friedhofsmauer ist bald in Sicht.

EINKEHR Klostergasthof Sankt Ottilien. Mittwoch ist Haxentag.

GEHZEIT So wie beschrieben ca. 20 Minuten. Ausgedehnte Wanderungen möglich.

AUSRÜSTUNG Je nach Jahreszeit. Keine Steigung. In der Kirche angemessene Kleidung.

12 GEISTERHAUS DES GABRIEL VON MAX

OKKULTISTENVILLA AM STARNBERGER SEE

Ein Geisterhaus? Das gibt es tatsächlich! Man kann hingehen und spürt vor der Ruine, wie es auch heute noch »umgeht«. Kein Wunder, denn hier hat der Geistermaler Gabriel von Max gewohnt. Seine Bilder des Symbolismus erzielen immer noch Höchstpreise. Und die Geister, die er rief? An einem Sonntag mit Wanderwetter steht oftmals eine Gruppe von staunenden Spaziergängern vor dem seltsamen Anwesen am Ostufer des Starnberger Sees. Die Stelle findet sich gut, wenn man von Ammerland aus zehn Minuten in südlicher Richtung auf Seeseiten zugeht. Und ein Schild der wütenden und reichen Ostufer-Bewohner klärt auf, über die bizarren und frevelhaften Hintergründe dieses Lost Place.

Selten ist ein verstorbener Okkultist wie Gabriel von Max so greifbar, denn er hatte drei Kinder: Colombo und Corneille, ebenfalls bekannte und teuer gehandelte Maler und Porträtisten. Und eine Tochter, Ludmilla. Die beiden Söhne hatten durch okkulte Versuche mit X-Rays (Röntgenstrahlen, damals eine okkult-technische Sensation, man konnte »das eigene Totengerippe« sehen …) die Zeugungsfähigkeit verloren.

Das verfallene Max-Haus ist ein hochaktiver Gespensterort bis heute. Max nahm an spiritistischen Sitzungen, sogenannten Séancen, teil, malte ekstatische Jungfrauen und seherische Somnambule, sexy Märtyrerinnen am Kreuz mit subtiler Erotik, entrückte Nonnen und Wesen, die zumeist zwischen den Welten des Dies- und Jenseits schweben. Die Geister, die er rief, sind lebendig. Und selten gibt es Orte, denen man schon von außen den Un-Geist ansieht. Der Wanderer gerät ins Grübeln über Kräfte, die weit über den Tod hinaus wirken müssen. Ein Lost Place in Spitzenlage. In extremem Kontrast zur edlen und reichen Umgebung, zu den denkmalgeschützten sündteuren und extrem gepflegten Nachbarvillen, fällt die »Bruchbude« mit blinden Fenstern und zusammengekrachten Balkonbalken sofort ins Auge. Ein echtes Geisterhaus, dem man ansieht, dass es einst von Spiritisten und eher unguten, wenngleich sehr reichen, aber »besetzten« Zeitgenossen durchwoben war.

Décadence, hoch ästhetische Verfallskultur um 1900, zum Anfassen. Die geistige Brücke zu E. A. Poes dunklen Novellen und zu Bram Stokers berühmtem Untoten, dem wiedergängerischen Grafen Dracula, ist kein Zufall. Hinter den verfallenen hölzernen Verschlägen der seltsamen Gruselvilla indes verbirgt sich eine aufregende Geschichte um den im Kunsthandel heute noch hoch dotierten Münchner Malerfürsten, dessen Zwischenreich-Bilder immer mehr Höchstpreise im Hunderttausenderbereich erzielen. Die Lebensspur des hochbegabten Künstlers liest sich wie ein dunkler Krimi, eine Gothic Novel.

So faszinierend das Thema sein mag: Nicht umsonst warnen Wissende, Priester und Sektenbeauftragte eindringlich, man möge spiritistische Sitzungen unbedingt unterlassen! Der Glaube an Geister, Erscheinungen, Wiedergänger ist in keiner Weise ein Phänomen der neueren Gegenwart, obwohl die überbordende Esoterikwelle dies vermuten ließe. Im gehobenen Bürgertum des 19. Jahrhunderts gehörten Séancen mit hochstehenden gelangweilten Damen und Herren zum guten Ton. Mumien waren in der feinen Londoner Gesellschaft ein Party-Gag! Okkultismus braucht immer seinen Ort, und das Starnberger-See-Ostufer strahlt bis heute dunkle Energien ab. Max hatte wissentlich Grenzen überschritten – und das spüren Sie hier. Der Wiedergänger lebt unerlöst weiter.

Die verfallene Max-Villa, ein »Lost Place«

CHARAKTERISTIK Ein klassisches verfallenes Geisterhaus, ein Lost Place zum Hingehen und Gespenstersehen. Die provozierend verwahrloste Ruine verleiht augenblicklich der Fantasie Flügel.

START- UND ENDPUNKT Dampfersteg Ammerland, kleiner Parkplatz.

VERLAUF Am See entlang Richtung Süden, dann je nach Laune weiter (wer will, bis Ambach), ebenso zurück.

EINKEHR Ambach, Landhotel Huber. Der Saibling Müllerin ist ein Erlebnis.

GEHZEIT Vom Steg zur Villa ca. 15 Minuten.

AUSRÜSTUNG Je nach Jahreszeit. Turnschuhe genügen. Keine Steigung. In diesem sehr reichen Uferbereich kaum Bademöglichkeit.

13 UNTERSBERG BEI BERCHTESGADEN

NABELCHAKRA DER ERDE UND APOKALYPTISCHES ZEITENLOCH

Adolf Hitler, der dämonische »Führer« der Katastrophe im 20. Jahrhundert, wollte im breiten Panoramafenster des Berghofes auf dem Obersalzberg stets den Untersberg im Blick haben. Nicht ohne Grund. Es gibt nur wenige so anerkannt wirksame, ganz besondere magische Punkte auf der Erde: Kraftorte mit unglaublicher kinetischer Energie und enormer Transformationskraft. Areale, an denen es immer wieder zu sehr merkwürdigen Zwischenfällen kommt. Entrückende Raum-Zeit-Schleusen, die auf eigenartige Weise das »verschlucken«, was wir für Zeit halten.

Dem Untersberg, der schon beim ersten Anblick ein bannender, seltsam böse lockender und verführender Felsenriegel zwischen Berchtesgaden und Salzburg ist, wird eine marmorne Mauer (natürlich aus dem rötlichen Untersberger Marmor!) nachgesagt. Sie erkennen diesen magischen Wall, eine ungewöhnlich breite und trotz der abgeflachten langen Oberfläche seltsam drohende Gebirgswand, schon von Weitem: sogar vom Auto aus, wenn Sie sich ab Anger auf der Salzburger Autobahn A8 der Ausfahrt nach Bad Reichenhall und Berchtesgaden nähern. Die beste Sicht auf den

Blauer Himmel über dem Untersberg – man ahnt nichts Gutes.

Berg haben Sie allerdings vom gegenüberliegenden Kehlsteinhaus.

Auch hat der Untersberg (und auch seine Umgebung) ein nachweisbares Gravitations- und ebenso Anti-Gravitationsfeld, das immer wieder Menschen für Wochen, Monate verschwinden lässt. Es soll sogar drei Personen wiederfahren sein, dass die sich plötzlich im alten Ägypten wiedergefunden haben: Dies hängt, physikalisch betrachtet, mit einer Verlagerung der beiden Zeitfaktoren »Masse« und »Bewegung« zusammen.

Den Untersberg können Sie besteigen, am besten von Grödig aus, auch eine Seilbahn führt hoch. Gewarnt wird jedoch vor jedem Betreten, erspüren Sie die Kraft lieber von Weitem, zu gefährlich ist das, was der niemals richtig erforschbare Berg seit jeher verbirgt – und welche Kräfte er freisetzt! Gibt doch schon die bekannte Sage vom »Alten Herrscher im Berg« versteckte und dennoch offene Kunde von der Zeitkrümmung im und um den Untersberg.

Im Untersberg tagt bis heute eine geheime Gesellschaft: die »Herren vom Schwarzen Stein«, auch als »Marconitische Templer« bekannt. Sie bewahren ein Ur-Wissen der Macht – nicht zuletzt auch um die Sagen bildende Thule-Gesellschaft. Man bleibt allerdings strikt unter sich und wenig dringt nach außen.

Wer's nicht nur unheimlich, sondern auch unzugänglich mag: Die Riesending-Schachthöhle im Untersberg in den Berchtesgadener Alpen ist die tiefste und längste Höhle Deutschlands. Ein Zeitenschacht: Schon beim Start geht es nach dem Einstieg in 1843 Metern Höhe senkrecht 3000 Meter nach unten ins ewige Dunkel. Nach einer spektakulären Rettung eines sehr seltsamen

Nebelglatte Stufen führen hinter felsige Ecken.

Verschollenen ist der Höllenschlund verschlossen.

Was sagen der unheimliche, auch gefährliche Ort und seine Mythen? Die Ewigkeit ist … jetzt. Wollen Sie's erfahren? Mariä Himmelfahrt, Mitte August, wenn die Mittagsscharte im Untersberg sich öffnet! Als Mittagsscharte bezeichnet man den erkennbaren dreieckigen, kerbengleichen Einschnitt in der Mitte des Berges. Diese Kerbe der Natur (der Götter?) soll nicht von dieser Welt sein und an dem besonderen Tag Mariä Himmelfahrt offen stehen. Offen für Kulte und Kräfte, denen man lieber fernbleibt …

CHARAKTERISTIK Das Kraftorterlebnis schlechthin. Überall um das Bergmassiv herum erfahrbar. Besonders die Gegend von Grödig.

START- UND ENDPUNKT Überall. Lieber nicht nach oben. Sehr gefährlich, körperlich und auch mental. Bei Grödig ein Einstieg und auch jährliche Treffen von Wissenden.

VERLAUF Gruselspaziergang im Anblick des Zauberberges, nach eigener Wahl (der Berg und dessen Magie bringen Sie an den Punkt).

EINKEHR Friesacher Kultgastronomie in Anif zwischen Salzburg und Berchtesgaden.

GEHZEIT Zeit? Sie werden sich wundern in diesem Umfeld.

AUSRÜSTUNG Je nach Jahreszeit. Turnschuhe genügen unten. Vorsicht, oben nur mit durchdachter Bergsteigerausrüstung.

14 SYLVENSTEINSPEICHERSEE

EIN DORF GEHT UNTER, DIE GEISTER LEBEN

Was Sie hier sehen, an diesem klassischen Lost Place, ist nichts. Und eben das ist so unheimlich. Unter der glatten Wasseroberfläche des Sylvensteinspeichersees, in dem sich Berge und Wolken spiegeln, lag – oder liegt? – ein Dorf. Das geflutete Dorf Fall. »Die Stille des Ortes wurde nur unterbrochen durch das dumpfe Poltern der Holzstämme, die, von den Hebeln der Flößer getrieben, hinabrollten über die steilen Ufer der Lagerplätze …«, das schreibt der bekannte Heimatdichter Ludwig Ganghofer 1883 im *Jäger von Fall*. Ganghofer schildert hier den Ort Fall, einen längst im Wasser versunkenen, von dunklen Sagen umrankten und immer unheimlichen Geisterort. Glockenklang über dem kalten Wasser wird bis heute erlebt! Traurig metallen, verloren und klagend – und dennoch lockend. Und der Schall kann nur vom See her kommen.

Kein Zufall, dass der ahnende Dichter Ludwig Ganghofer so genau auf ein Klangphänomen eingeht, das diesem schwarzen Punkt Bayerns einbeschrieben ist. Alles hängt untrennbar mit der nehmenden Kraft des Ortes zusammen. Das Dorf heißt, oder besser, es hieß Fall. Der Name

Als das Wasser langsam stieg: vorher …

stammt von einem Wasserfall, der vor langer Zeit zu einer Gebirgsklamm gehörte. Das Dorf wurde zwangsevakuiert und geflutet. Dann ein fast 60-jähriges Schweigen der eiskalten Wasser über alldem, was dereinst hiergeschah.

Anfang Oktober 2015 hat das Wasserwirtschaftsamt den Stöpsel gezogen: Seitdem lief der mächtige Sylvensteinspeicher für längst überfällige Wartungsarbeiten leer. Das versunkene Dorf Fall ist damals für einen überschaubaren Zeitraum wieder aufgetaucht. Schlechte Energien also. Ein klassischer Lost Place!

In einer Senke, die einen ganzen See aufnehmen kann, sollte man nicht und niemals wohnen wollen! Warum sind Herrschaftssitze und Burgen, die Bestand haben, zumeist oben? Sehr seltsame, gruselige Geschichten gibt es immer schon um die gottverlassene und im Jahre 1959 absichtlich überschwemmte Einöde Fall. Der seit Anbeginn einsame Weiler musste dem sogenannten und mittlerweile die Welt beherrschenden technischen Fortschritt weichen. Fortschritt? Die hoffärtige Regulierung und Manipulation natürlicher Fluss- und Lebenslinien, die dann zu den gegenwärtigen Katastrophen führten. Aber ein Gewaltakt gegen Natur und Gott war's eben doch. Auch wenn man damals über die Wünsche und Widerstände einer Dorfminderheit

... und nachher

locker hinweggehen konnte (Umsiedelung, »Entschädigung« – wie denn, für verlorenes Daheim-Sein?). Energien aber bleiben. Energien kennen weder Raum noch Zeit. Und sind gewaltig und nachtragend.

Im Jahre 2015 die Trockenlegung aus technischen Gründen. Nach dem dunkle Legenden bildenden Zeitraum von fast 60 Jahren konnten Schaulustige das »Versunkene« sehen und mit Gummistiefeln im Schlamm dort herumwaten, wo dereinst Leben bestand. Nur noch hüfthohe Grundmauern waren da. Was zwei Generationen lang in grauer Kälte versunken schlief, lag ernüchternd vor den schweigenden Zeugen. Doch was geschehen ist, das bleibt energetisch bestehen. Denn es gibt ein geistiges »Danach«. An jeder Uferstelle des inzwischen wieder aufgefüllten Speichersees ist das für Fühlige spürbar. Lauschen Sie nach dem Klang einer Kirchenglocke, die längst nicht mehr läutet. Und doch ... da ist dieser seltsame silbrig helle Klang! Vor allem in Vollmondnächten.

CHARAKTERISTIK Ein Lost Place der ganz besonderen Art. Unter der glatten Wasseroberfläche des Sylvensteinspeichersees bleibt das Grauen spürbar. Ein Welt-hinter-der-Welt-Ort. Was nicht sichtbar ist, bleibt dennoch fühlbar.

START- UND ENDPUNKT Mehrere Parkmöglichkeiten am See. Besonders in der Nähe der Brücke.

VERLAUF Gruselspaziergang nach eigenem Ermessen. Hier ist es nicht nur windig, sondern auch seelisch kalt.

EINKEHR Nichts in unmittelbarer Nähe. Es gibt so herrliche Uferstrände, hinsetzen, mitgebrachte Brotzeit auspacken.

GEHZEIT Je nachdem. Viele Wandermöglichkeiten.

AUSRÜSTUNG Je nach Jahreszeit. Wanderschuhe sind besser als Turnschuhe.

15 MAGISCHER HÜGEL HOLZHAUSEN

URKRAFT DER LINDE UND EIN SELTSAM »LEBENDIGER« FRIEDHOF

Die Geister, die ich rief, werd ich nimmer los! Nicht weit von hier, auf der südlichen Wiese mit angrenzendem Wäldchen, stand vor Jahrzehnten eine Hütte, die innen mit okkulten Zeichen und mit Dämonen und Zwischenwesen ausgemalt war. Ein geheimer Treff, wie er lange Jahre von wohlhabenden Starnberger-See-Ostufer-Bewohnern zu magischen Zirkeln und verschwörerischen Séancen aufgesucht wurde. Einheimische reden nicht gern darüber, doch die Energie gerufener Entitäten bleibt spürbar.

Kein Zufall, denn dieser Ort packt jeden Ankommenden. Holzhausen ist »oben«: Schon von weit her lockt das bodenständige dickwandige Gotteshaus mit dem für Bayern typischen Zwiebelturm hoch auf dem keltischen Kulthügel. Oberbayern pur! Gleich unterhalb des Friedhofes findet sich ein schattiger Parkplatz unter Bäumen. Alte Einheimische wissen zwar von okkulten Treffen auf der Wiese im Süden des Kulthügels mit der Wunderkirche und der »Tausendjährigen Linde«, die einem heftigen Orkan im Jahre 1996 zum Opfer fiel. Doch keiner will darüber reden. »Lange her«, so ähnlich lauten die stereotypen Ausflüchte. Vielleicht hat die Beschwörung von damals den Orkanwind so heftig sein lassen, dass er die Linde krachend fällte. Die Madonna in einer Baumgrotte aber blieb heil.

Der besondere Ort bleibt, er bewirkt Heilung – und Wunder. Genau an der Stelle, die den wunderwirksamen Zauberbaum bis zum Schicksalsjahr 1996 trug, da findet sich eine spürbare und mit der Wünschelrute gut mutbare Schnittstelle von Erdkraftlinien

(Drachenpfaden). Faszinierend und etwas unheimlich erleben Sie starke Odkraft sowie Erdenergie: Der Ankommende spürt das gewisse Britzeln und Kribbeln unter den Fußsohlen. Der Boden scheint gar zu vibrieren. Ein klassischer magischer Ort mit schier unglaublicher Kraft »von unten her«.

Das alles nimmt auf dem Gottesacker, der rund um die Kirche führt, noch wesentlich zu: schön und unheimlich. Denn kaum ein Friedhof, auf dem die Bestatteten so gegenwärtig scheinen. Scheinen? Sie sind da. Das bestätigen zahlreiche Besucher. Ist es der Ort? Der besondere Boden mit seiner energetischen Leitfähigkeit? Bleiben Sie nie zu lange hier stehen, damit sich keine suchende Seele bei Ihnen einkrallt. Denn dies kann durchaus passieren.

Das erdgebundene Gotteshaus mit der so lockenden Eigenkraft der Mauern geht auf ein Naturwunder zurück, da zuerst Tiere, Zugochsen und Vögel, die heilende Kraft des Ortes erkannten. 777 findet sich eine erste Erwähnung, dann kam die Zerstörung durch die Ungarn im Jahre 955. Jahrhunderte später, im Jahre 1611, ist ein Umbau genannt, 1746 dann die Erweiterung. Gehen Sie hinein in das Halbdunkel des Innenraumes, staunen Sie. Der Tempel mit stets schummrig-mystischem Innenlicht ist Johannes dem Täufer geweiht. Sie finden zahlreiche Votivtafeln, die von Erhörungen sehnlicher Gesundungswünsche und auch erfüllter Hoffnung auf Heilung zeugen – und auffallend viele Madonnen-Darstellungen. Kein Zufall. Sehen Sie mit Bewusstsein das Deckengemälde, den Himmel Bayerns, natürlich, der Gottesmutter. Sie stehen hier in einem tellurischen Trichter, einem hochenergetischen Sog senkrecht nach oben. In diesem Raum werden Ihre frommen Gedanken und guten Wünsche gen Himmel gerissen, in die Sphäre des Unbenennbaren.

Gotteshaus auf Spukhügel

CHARAKTERISTIK Kirchen- und Kirchhofbesuch mit okkultem Grundton. Faszinierend das Changieren zwischen typisch bayerisch und okkult-magisch. Fantastische Sicht, Seeblick »von oben«, bis zum Westufer und zur dahinter liegenden Moräne.

START- UND ENDPUNKT Kleiner Parkplatz links vom Aufstieg zum Kirchentor, schön schattig unter Laubbäumen.

VERLAUF Rundgang. Je nach Laune längeres Wandern in jede Himmelsrichtung möglich.

EINKEHR Nicht weit weg, direkt am See das Landhotel Huber.

GEHZEIT Fällt bis zur Kirche nicht ins Gewicht. Aber wandern … unbegrenzt.

AUSRÜSTUNG Je nach Jahreszeit. Bei den Bänken westlich vom Friedhof ist es zumeist windig.

16 »SCHÖNE AUSSICHT« IRSCHENBERG

ENERGETISCHER DREHPUNKT UND KAPELLE DES GEDANKENFLUGES

Eine Swastika, ein linksdrehendes Sonnenrad, hier oben auf dem Irschenberg? Das Symbol ist zurecht verschrien und schon gar nicht ist es christlich. Wir besuchen den höchsten Punkt des Irschenberg-Areals. 739 Meter sind es genau. Diese sogenannte Schöne Aussicht bildet angenehm spürbar den Gegenhügel zu den großen Parkplätzen, zahlreichen Restaurants und auch zum südlich davon den Ort prägenden Kirchenensemble. Hier oben öffnet sich ein wundersam seelengreifender Rundum-Blick auf das nahe Mangfalltal. Staunendes Schauen schweift hinein in die Chiemgauer Alpen, das Inntal, die Schlierseer und Tegernseer Berge. Deutlich erhaben bauen sich Breitenstein und Wendelstein auf. Bei guter Fernsicht (magischer Föhnblick) gleitet das Sehen gar bis zum Rofangebirge und Karwendel hinüber. Die letzten Meter nach oben muss man gehen. Für den Kraftort-Spürer ein Segen, denn die aufbauende Ortsenergie wird nicht durch Verbrennungsmotoren gestört. Dort, wo die Kraft wohnt und die Fußsohlen prickeln lässt, lädt ein Rundtempel ein, die Kapelle des Gedankenfluges mit breiter südlicher Aussichtsöffnung. Dazu mehrere klug platzierte Bänke, die den weitschweifenden Blick Richtung Süden, Westen, Osten anbieten. Die lange hohe Antenne auf dem spitzen Runddach des Tempels zieht die Energie der herrlichen Umgebung nach unten. Gleichzeitig wird Ortsenergie versandt, weit hinaus in die Welt.

Schön und unheimlich zugleich – Sie beginnen zu fliegen. Symbole sprechen. Für den, der lesen kann. Im Innern des Tempels

Abendrot über dem Irschenberg

ein Hermes mit Flügeln an Helm und Stiefeln. In der Linken den kabbalistischen Stab der Doppelspindel, auch dieser Zauberstab oben geflügelt. In der Rechten, hoch erhoben, der gezackte sechsfache Lichtstrahl: eigentlich eine Swastika, das linksdrehende Sonnenrad. Nebenbei: Auch der Kairos, der blitzschnelle Gott des rechten Augenblicks, wird so dargestellt. Die heidnischen, okkulten Machtsymbole ergeben eine beängstigende Faszination. Wann immer Sie da sind, an diesem magischen Punkt: Genau dann ist es der rechte Zeitpunkt. Denn Ihre Gedanken entfliehen den üblichen Denkschablonen. All die nutzlosen Sorgen und Ängste, die gar nicht Ihre eigenen sind, sondern von den Medien aufgezwängt. Was die Angstindustrie Ihnen aufzwängt: Hier verfliegt es. Das macht der Ort.

Sie können von hier aus sogar auf das bekannte Irschenberg-Ensemble mit der berühmten Kirche von Wilparting und den achteckigen Rundtempel herabschauen. Diese Wallfahrtskirche ist den beiden Heiligen Marinus und Anianus geweiht. Und wieder das Unheimliche: der eine brutal ermordet, der andere wundersam ums Leben gekommen. Heilige halt. Zeit bleibt stehen … Helle Tage sind besser geeignet, die erhabene Ortskraft des Irschenberg-Oben zu genießen. Schneehelle Winterzauberstimmungen, lichter Frühling, voller Sommer, farbiger Herbst – mit der gefühlten Unendlichkeit hinter allem Sichtbaren. Der Wind weht hier heroben allerdings gewaltig. Oft sogar haben Sie das Gefühl, es bläst durch Sie hindurch. Und so ist es auch. Sie werden transparent und hellsichtig zugleich. Magie des Ortes.

CHARAKTERISTIK Magie des Oben-Seins, hoch über der Welt und dem unablässigen Autobahnverkehr. Überblick, aber auch beängstigende Sichtweisen des Daseins.

START- UND ENDPUNKT Der beschriebene Rundtempel auf dem Irschenberg-Gegenhügel. Von der Straße aus ein kleines Stück den Weg zu Fuß hoch.

VERLAUF Ein Rundgang bietet sich an. Je nach Laune längeres Wandern in jede Himmelsrichtung möglich.

EINKEHR Gegenüber, da wo Autos und Menschen bei den großen Parkplätzen zuhauf sind: Das Café Dinzler ist Kult. Herrlicher Espresso. Etwa 20 Minuten mit dem Auto in Nußdorf bodenständiges und preiswertes Essen.

GEHZEIT Fällt nicht ins Gewicht. Aber wandern … unbegrenzt.

AUSRÜSTUNG Windjacke! Es bläst gewaltig.

Umseitig: Ein »Energiesauger« neben der Autobahn A8: die Wallfahrtskirche Wilparting

17 WALLFAHRTSKIRCHE WEIHENLINDEN

QUELLWASSER UND DAS GEHEIMNIS DER HEILUNG

Grausame und unheimliche Erzählungen der Pestzeit sind es, die dem heilenden »Seelengarten« von Weihenlinden vorausgehen. Es geht in den alten Mären um Vergrabenes, um Geheimnisse, unheimliche Männer und drei Ringe. Von Weitem schon locken die typischen schlanken Doppeltürme von Weihenlinden. Wenn es diese »Zeigefinger Gottes« nicht gäbe, dann könnte man meinen, der bayerische Himmel würde sie vermissen. Wir suchen und finden am Quellort das Wunder der Heilung, des Heils, der Bewahrung vor der bedrohlichen Schattenseite des Lebens.

Im westlichen Chiemgau und nicht weit von Bad Aibling weg, sechs Kilometer nordwestlich, da liegt der bekannte Wallfahrtsort Weihenlinden, mit vielen düsteren Votivtafeln, die von Wunder- und Heilkraft zeugen. Dennoch und trotz der in sie investierten Hoffnung haben die Votivtafeln etwas seltsam Düsteres, gar Bedrohliches. Bevor wir dieses geistige Zentrum eines urbayerischen, echten und raumgreifenden Katholizismus besuchen, schauen wir auf den sprechenden Namen: Weihenlinden. Nomen est Omen. Weihe, Linde, Linderung. Zwei heilende Worte in einem … Wunder erweitern die Wirklichkeit, weil sie vom Erklärbaren unserer materialistisch verdummten Welt auf das verweisen, was »dahinter« verborgen liegt. Was aber verborgen liegt, ist dennoch da. Und es kann auch bedrohlich und unheimlich sein. Heilung ist dem Orte Weihenlinden einbeschrieben wie ein zeitlos agierendes morphogenetisches Feld. Wir sind der Anziehungskraft der Türme gefolgt, haben den Wagen abgestellt, mindestens einen Kilometer zu Fuß zurückgelegt, um die zunehmende Ortskraft zu spüren.

Wo heute die berühmte Kirche von Weihenlinden steht, im ebenen Wiesen- und Ackerland des alten Pfarrdorfes Högling, da hat sich zu Beginn des 17. Jahrhunderts der »Weichlindengarten« befunden. Bereits in der Barockzeit sind zwei Lindenbäume bezeugt, aber auch die Grabstätte dreier Männer und die dunklen, oft grausamen Erzählungen der Schwedenkriege und der Pestzeit. Beim Bau einer Kapelle stieß man auf einen goldenen Ring, dann kam das lebendige Quellwasser zutage. Erinnern Sie sich: Drei Engel erscheinen Abraham. Laut Volksglaube soll die Heilquelle gegen Blindheit, Epilepsie, bei Erkrankungen von Organen, bei Fußleiden und vielem mehr helfen.

Zwei Zeigefinger Gottes?

Sie müssen die Kirche und den Quelltempel von Weihenlinden umrunden, natürlich zu Fuß, um »Ihren« Platz zu finden.

Die 1653 erbaute Wallfahrtskirche zur Heiligen Dreifaltigkeit gilt als wichtigste Sehenswürdigkeit des Ortes. Schon im 16. Jahrhundert soll hier eine geheimnisumwitterte Martersäule den magischen Ort markiert haben. Hinter dem Hochaltar findet sich die runde Gnadenkapelle. Achteckig außen, innen aber, der Ringvorlage folgend, von göttlich runder Symmetrie. Oben in der Kuppel öffnet die kreisrunde Laterne sich mit acht Muschelnischen. Ein tellurischer Trichter, fühlbare Himmelsleiter. Wer fühlig ist, der spürt, dass hier unsichtbare Energien nach oben drängen. Ähnlich wie im Alten Testament die Himmelsleiter Jakobs. Und bald wird klar: Hinter der hier allgegenwärtigen Madonna, wenngleich oft lieblich dargestellt, steckt die gewaltige, auch gefährliche Urkraft der Frau.

CHARAKTERISTIK Bayerischer Gnaden- und Wallfahrtsort mit der für solche Stätten typischen Ambivalenz, die zwischen Heilung und Abgrund hin- und herschwingt. Hinter dem vordergründig Frommen lauert eine seltsame Gefahr.

START- UND ENDPUNKT Parkplatz vor der Kirche und dem benachbarten Gasthaus.

VERLAUF Ein Rundgang. Um die Kirche, ins Innere, ins Allerheiligste, den Ur-Ort des »Wunders von Weihenlinden«.

EINKEHR Gleich daneben. Biergarten. Ideal zur Kirchweihzeit mit Gansbraten.

GEHZEIT Fällt nicht ins Gewicht. Wanderungen in alle Richtungen möglich.

AUSRÜSTUNG Respektvoll und angemessen. Kirchenbesuch. Oft sind betende oder sorgenbeladene Wallfahrer zugegen.

18 RUPERTUSQUELLE BEI FRASDORF

»MARIA WASSERTRINKERIN« UND DAS KÜHLE NASS

A Milli werds scho aa no drunga ham …!«, bemerkte die resolute Anrainerin, als ich sie über den Zaun hinüber befragte, wo denn die legendäre Wassertrinkerin-Quelle sei? Und! Ob das denn alles als wahr zu gelten habe? »Am alten Bauernhof vorbei«, schickt man mich dann weiter. Das Hingehen macht dieses im Chiemgau so bekannte Kraftorterlebnis erst aufregend. Denn man bekommt ein sicheres Gespür, wie vorhandene Ortsenergie zunimmt.

Beginnen Sie den Weg zum Wunder von der Frasdorfer Kirche Sankt Margaretha aus, pilgern Sie bis zur Kapelle auf dem Feld, suchen Sie oder fragen Sie nach dem Kapellenweg. Bald nach der Feldkapelle ein Stück weiter, an dem weiten Hangacker links hoch, immer der lockenden Erdenergie nach. Bald wird die Gesamtstimmung wesentlich erdiger, schattiger und dunkler, die Höfe sind einsam, für den Fühligen seltsam weltabgewandt. Ein wenig unheimlich ist die Gesamtstimmung dort. Beim Weitergehen nimmt jedoch dies unbestimmte Unheimliche noch zu. Am Waldrand, der zugleich das untere Ende eines Hanges bedeutet, plätschert der recht kräftige, viel Wasser führende Bach, der sich alsdann über einen Wasserfall hektisch rauschend weiterbewegt. Die alte Brücke führt direkt zum Quellhäusl.

Hier ist die typische Energie einer kräftigen Quelle zu fühlen. Extrem starke Erdkräfte. Üppiger Pflanzenwuchs, zumeist heilendes Gewächs, das viel Feuchtigkeit und Schatten braucht. Heilung ist angenehm spürbar. Aber auch lauernde Gefahr. Die

Das unscheinbare Dorf birgt ein magisches Geheimnis.

unheimliche Grundstimmung rührt daher, dass man sich beständig beobachtet glaubt, obwohl niemand da ist. Aber eben die Geister des Ortes! Die Quellgegend wird von unsichtbaren Entitäten bewacht. Man ist, so gesehen, tatsächlich nicht allein. An diesem fordernden magischen Ort verbrachte Maria Furtner, genannt »Maria Wassertrinkerin« und »Weizenreiter Mädei«, eine ansehnliche Lebensspanne. Mit Wasser als einzigem Nahrungsmittel … sonst nichts? 714 Ärzte soll sie aufgesucht haben, so berichtet eine zeitgenössische Schrift. Irgendwas muss an den Berichten wohl wahr sein, zu viel Bezeugungen gibt es, unter anderem ein Büchlein vom Fanderl Wastl. Der war bis in die 1980er-Jahre eine bekannte Lokalgröße in Sachen Volksmusik und hatte eine beliebte Fernsehsendung.

Heute, von populärer Esoterik beeinflusst, würde die Umgebung der Maria Furtner von »Lichtnahrung« sprechen? Oder vielleicht von Null-Diät? Jedenfalls ein Traum für alle Frauen, die schlank bleiben wollen. Am 4. November 1884 ist Maria Furtner im 62. Lebensjahr dann gestorben. 52 Jahre lang hat sie – so wird hartnäckig behauptet – ausschließlich von Wasser gelebt und, da sie sehr fromm war, auch von geweihten Hostien. Zweifel? Die gab es wohl immer. Deshalb wurde die seltsame Heilige im Jahre 1843 fünf Wochen lang im Münchner Allgemeinen Krankenhaus untersucht. Das veröffentlichte Bulletin der Königlichen Akademie der Wissenschaften vom 12. Juli 1884 berichtet abschließend in der damaligen geschraubten Sprechweise davon, dass man »nicht an miraculose Zuthat« glauben wollte. Auch gäbe es keinen Grund, »Betrug, Prahlerei oder Täuschung aus Gewinnsucht anzunehmen«. Seit über 200 Jahren werden die Quellen von der Bevölkerung genutzt. Hinterher gut Essen ist trotzdem erlaubt.

CHARAKTERISTIK Wanderung im Wortsinne über Feld, Wald und weite Wiesen. Quellerlebnis, Wunderort. Am kühlen Quell unbedingt mit der hohlen Hand Wasser schöpfen und trinken. Sehr seltsame Stimmung an der Quelle, trotz des Wunders bleibt alles recht unheimlich.

START- UND ENDPUNKT Von der Frasdorfer Kirche Sankt Margaretha aus.

VERLAUF Pilgern Sie vom Startpunkt der Kirche ausgehend bis zur Kapelle auf dem Feld, suchen Sie oder fragen Sie nach dem Kapellenweg. Weiter wie im Text.

EINKEHR In Frasdorf einige besuchenswerte Lokale.

GEHZEIT Alles in allem ca. 2 bis 3 Stunden.

AUSRÜSTUNG Wanderkleidung, Outdoor. Ideal sind leichte Wanderschuhe.

19 KÖNIG WATZMANN

MORDLUST, MUTWILLE UND MATERIE

Menschenopfer, bis heute! Und alle kommen freiwillig. Man hat den Eindruck, dass dieser magische und ganz sicher verwunschene Berg jährlich seine Menschenopfer ruft und den Tod junger Männer gnadenlos einfordert. Anders ist der Leichtsinn und das Sich-Ausliefern an niemals kontrollierbare Naturkräfte, vor allem an der Watzmann-Ostwand, nicht zu erklären. Ein gewaltiges Bergmassiv dominiert Berchtesgaden. Der Berg mit der bannenden Doppelspitze geht, der Sage nach, auf das schiere Böse zurück. Und fordert – vielleicht deshalb – jährlich nicht nur ein Menschenopfer. Sagen haben ja immer einen wahren Kern, ein einbeschriebenes Körnchen Wahrheit. Hier das Ver-Steinern, das Zur-Kalten-Materie-Werden: Denn Nur-Materie-Menschen (Leute also, die nur Reichtum und Macht anstreben) werden zusehends steif. Alles versteinert. Das ist schon so bei der immer nur rückwärtsgewandt denkenden Frau des biblischen Lot. Achten Sie auf Bewegungen schuldiger Angeklagter in den Gerichtssälen: auffallend starr.

Nun hören wir die wahre Sage von einem aus schierer Bosheit mordenden König aus grauer Vorzeit. »Im bayerischen Hochgebirge herrschte in der Vorzeit ein Riesenkönig, der Watzmann«, so beginnt die Erzählung in einem alten Sagenbuch. Der Watzmannkönig war mächtig, aber grausam und primitiv. Er quälte Abhängige und Untertanen aus reinem Vergnügen, er brandschatzte und tötete, sprengte mit der Reiterschar über Felder und Menschen mutwillig hinweg. Dass er den armen Bergbauern der Gegend damit oft die Nahrungsgrundlage, die karge

Vorne ein Idyll. Dahinter das Grauen?

Ernte, zertrampelte, so etwas belustigte ihn. Die wilde Horde aus Reitern und Hetzhunden trieb wieder einmal ihr sadistisches Unwesen, fuhr dann mit Lust in eine Menschengruppe hinein. Bluthunde zerrissen das Vieh. Und, weil sie dazu vom Despoten mutwillig aufgehetzt wurden, auch die Frau und das kleine Kind des Hirten. Der König Watzmann sah das blutige Schauspiel, sah den verzweifelten ohnmächtigen Familienvater – und lachte schallend. Da hatte die ordnende höhere Macht genug. Ein Brausen und Donnern und Beben mit Blitzen begann, eine Feuersäule stieg grell empor. Der Machtgefühlmörder ward samt Anhang zu kaltem festem Stein verwandelt: das bekannte Watzmanngebirge, sichtbare Macht und Gefahr, bis heute.

König Watzmann – eine dunkle Sage nur? Eher eine Komprimierung und Verdichtung des ewigen Ur-Dramas auf der großen Weltenbühne. Ewiger Konflikt der Menschheit. Gut und Böse und die Sehnsucht nach einer gerechten übergeordneten Instanz. Wer zu viel Macht hat, der wird daran irre, verliert allzu oft das Menschenmaß, wird im Wortsinne unmenschlich. Vielleicht ist es auch kein Zufall, dass hier in unmittelbarer Nähe auf dem Obersalzberg, mit idealem Blick auf Untersberg und Watzmannmassiv, die wirren Träume eines wahnsinnigen Weltherrschaftspolitikers verdichtet wurden!

Den idealen Blick auf König Watzmann haben Sie von der Kneifelspitze aus, die in einer nicht allzu anstrengenden Bergwanderung zu begehen ist. Ansonsten: Das Massiv mit der Doppelspitze ist und bleibt unübersehbar. Selbst hoch? Lieber nicht.

CHARAKTERISTIK Der Watzmann fordert tatsächlich alljährlich Todesopfer. Der Anblick mit der Doppelspitze aus einiger Entfernung ist atemberaubend. Lieber von unten betrachten und weiterleben. Ich will meine Leser behalten.

START- UND ENDPUNKT Marktplatz von Berchtesgaden. Von hier aus zahllose Wanderungen, immer den überdominanten König Watzmann im Blick.

VERLAUF Je nach Tour.

EINKEHR Jedes Lokal im Ort empfehlenswert. Kenner fahren zu dem kultigen Anif auf der Strecke zwischen Berchtesgaden und Salzburg.

GEHZEIT Je nach Wanderung. Ideal: Kneifelspitze besteigen, dann der atemberaubende Watzmannblick!

AUSRÜSTUNG Auch bei gutem Wetter Wanderkleidung und Regenschirm. Der Salzburger Schnürlregen ist auch hier daheim. Für die Kneifelspitze feste Bergschuhe.

20 HARDTKAPELLE AM AMMERSEE

EIN MEUCHELMORD, MAGIE UND GRUSEL

Mitten im Wald ein bösartiger und hinterlistiger Meuchelmord! Wer würde so etwas vermuten, wenn die liebliche kleine Kapelle auf dem Höhenzug hoch über dem Ammersee-Ostufer vor dem Wanderer auftaucht? Die wirkt so beschaulich, dass sie der spätromantische Maler Moritz von Schwind auf einem Gemälde verewigt hat, das in der Münchner Schack-Galerie zu bestaunen ist.

Der energetisch so starke Strahlkreis von Kloster Andechs! Macht und Mord und religiöse Wunder mischen sich auf dem unweiten Heiligen Berg, sowohl in der realen Historie als auch in Sage und Mythos. Und das gilt auch für die nähere Umgebung. Sie fahren von Herrsching aus Richtung Andechs, den Moränenhügel hoch, dann aber vor dem Ort Erling biegen Sie rechts ab Richtung Fischen und Pähl. Der Parkplatz »Schöne Aussicht« winkt auf der linken Seite, Sie sehen von hier aus sogar die Kirchturmspitze von Andechs. Nun zu Fuß genau in südlicher Richtung einige Kilometer den Höhenrücken, einen sogenannten Drachenpfad, entlangwandern. Die Aussicht zur Rechten, der Blick über den Ammersee also: atemberaubend. Sie gehen eine gute Stunde oben auf der Moräne, immer Richtung Süden, vorher an der ersten Weggabelung müssen Sie dem Schild »Hardtkapelle« nach rechts folgen. Dann, nach einer Wegstrecke mit immer wechselnder Aussicht über den Ammersee, die manchmal bis Wessobrunn und die Antennenanlagen von Raisting reicht, kommen Sie im schattigen Grün zu einer einsamen, malerisch umwachsenen

Hinter der Biegung – Mord!

Waldkapelle. Bevor Sie das tief im dunklen Grün verborgene Kapellchen erreichen, gelangen Sie durch wildromantische und dunkle Waldpassagen, übersteigen starkes Wurzelwerk und staunen über uralte, knorrige Buchen und hochgewachsene Fichten des Mischwaldes.

Und zu der verwunschenen Kapelle existiert die folgende wahre Schauergeschichte: Am 21. März des Jahres 1653 ging der damalige Pfarrer von Pähl zu der Stelle, auf der heute die kleine Kapelle mahnt. Er hatte nichts Böses im Sinn, wollte nur in einsamer Natur Gott begegnen. Doch die Begegnung war eine ganz und gar andere. Wegelagerer lauerten ihm auf, er wehrte sich tüchtig, wurde aber, da die anderen in der Überzahl waren, brutal erschlagen. Seine übel zugerichtete Leiche verscharrte man irgendwo im Waldboden. Zum Gedenken errichtete sein Bruder eine kleine Kapelle genau an der Stelle.

Wer fühlig ist, der spürt trotz der christlichen Motivik immer noch eine dunkle und unheimliche Besetzung des Ortes. Denn, wenn ein Mensch gewaltsam aus dem Leben gerissen wird, dann bleibt dem Ort immer das gewesene Grauen einbeschrieben. Jede Geistersage weiß davon. Die seltsame, der Waldidylle entgegenwirkende, unheimliche Stimmung wird durch die Erdkraft der Moräne aus der Würm-Eiszeit, auf der sich alles abspielt, verstärkt. Denn der Besucher geht bereits den gesamten Weg einer Drachenlinie entlang. Solche Pfade sind seit alters her bekannt, sie spenden Lebenskraft und entsprechen auch den Transportwegen der Antike. Bei dem Kirchlein handelt es sich, wie so oft, um eine Madonnenkapelle, sodass dem einbeschriebenen Grauen durch die hier vor langer Zeit verübte Schandtat dennoch etwas Positives entgegengesetzt ist.

CHARAKTERISTIK Ein ausgesprochen empfehlenswerter, im Wortsinne hebender Wanderweg hoch über dem Ammersee, auf dem östlichen Moränenzug. Der Weg zeigt atemberaubende Weitblicke übers Land, bis Raisting und Wessobrunn.

START- UND ENDPUNKT Parkplatz Schöne Aussicht gleich links nach der Abbiegung Richtung Fischen/Pähl.

VERLAUF Eine ausgiebige Waldwanderung mit geringem Auf und Ab oben auf dem Moränenkamm.

EINKEHR Das kultige Andechs ist gar nicht weit. Noch besser: Brotzeit dabeihaben und die Aussicht genießen.

GEHZEIT Ca. 3 Stunden hin und zurück.

AUSRÜSTUNG Keine besondere. Turnschuhe oder Wanderschuhe.

21 KARLSBERG BEI GAUTING

VERGANGENE KARLSBURG UND DUNKLE SAGEN

Die Sage berichtet folgendes über den Karlsberg: In einer Vollmondnacht erschienen drei Frauen dem Müllerknecht der unteren Würmmühle. Zwei der Zauberfrauen waren weiß, die dritte war kleiner und von der Körpermitte bis zu den Füßen schwarz! Die wunderschönen Frauen baten den Burschen um eine mutige Tat der Erlösung: durch neun Pforten unten im verwunschenen Berg zu gehen. Eine uralte Einweihung. Er scheiterte, da die Halluzinationen »unten« zu grauenhaft gerieten.

Schon der Name »Karlsberg« lässt auf eine geheimnisvolle Umrankung durch krude Gerüchte, Sagen und Mären des von einer Würmschleife umflossenen Hügels schließen. So soll kein Geringerer als Karl der Große hier gewesen sein. Auch der Name der unweiten Karlsmühle weist darauf hin. Der große Kaiser war indes sicher nicht hier, doch sein Name als Ortsgeber verweist auf die Besonderheit der Gegend!

Am besten parken Sie auf dem Platz der längst stillgelegten einstigen Kultgaststätte Forsthaus Mühltal direkt an der Würmbrücke. Den steilen und immer rutschigen Aufstieg hinter dem Forsthaus sollten Sie vermeiden, jedoch führt direkt neben der Autostraße, die von München oder Gauting kommend nach Starnberg führt, gegenüber der Abzweigung zum Golfgut Rieden (gut erkennbar an der Würmbrücke) ein gut begehbarer Pfad nach oben. Auf halber Höhe an der richtigen Stelle links ab, noch höher, dann sind Sie auf dem energetisch geladenen Plateau, das dereinst die sagenumwobene Karlsburg trug.

Die nur noch in Grundmauerresten erkennbare Karlsburg ist oder war zu ihrer Zeit eine umfangreiche Höhenburg, deren zungenförmige Hauptburg ungefähr 50 Meter über der Würm, nach Norden und Westen steil zur Würm, dem sogenannten Drachenfluss, hin abfiel. Im Osten war das von so vielen Sagen umwobene Trutzbauwerk durch eine Vorburg und umfangreiche Erdwerke gesichert. Im Norden der Anlage befinden sich, so wissen es die Burgforscher, noch Fundamente einer gemörtelten Mauer. Ursprünglich stand die Karlsburg von einer starken Ringmauer mit sieben Schalentürmen umgeben.

Der Sage nach – aber eben nur der Sage nach – soll die Karlsburg Geburtsort Karl des Großen gewesen sein. Karolingischer Grundbesitz? Vielleicht. Teile der Forschung vermuten solchen an der oberen Würm in der frühen Zeit des Mittelalters um 800. Jedoch bestand die Karlsburg zu dieser Zeit noch nicht. Wie also kommt es zu der Zuschreibung? An dieser Burg ist eben alles unheimlich, nicht zu belegen und bleibt im Dunkel der Sagen und Mären. Viel trägt der Ort dazu bei.

Nicht nur dieses Hochplateau, auch eine spirituelle höhere Ebene des Seins trägt Sie jetzt. Sie gehen dann geradeaus, bis in einer kreisrunden Senke der Rundtempel und der stets geschmückte Kultplatz sichtbar werden. Nun befinden Sie sich im südwestlichen damaligen Burgturm. Folterturm? Pulverturm? Nichts ist überliefert. An der kreisrunden Brandstelle, die seit mehr als 30 Jahren von verschiedenen zumeist sagen-, ahnen- und mondzeitenverbundenen Kreisen benutzt wird, erkennen Sie die große Bedeutung. Der Platz ist wie eine Bannmeile, bei Führungen bleiben die Teilnehmer wie angewurzelt, wollen nicht mehr weg.

Ein Rastplatz am magischen Ort

CHARAKTERISTIK Eine kleine Bergwanderung, Aufstieg ca. 20 Minuten. Dann aber der magische Ort pur auf dem Hochplateau, das die legendäre und von Sagen umwobene Burg trug.

START- UND ENDPUNKT Parkplatz beim stillgelegten Forsthaus Mühltal an der Würmbrücke. Dann auf der gegenüberliegenden Straßenseite ca. 300 Meter bis zur nächsten Brücke würmaufwärts, links ist der schmale Weg sichtbar.

VERLAUF Mini-Bergtour, nicht lange, aber teilweise steil und rutschig. Festes Schuhwerk ist besser als Turnschuhe.

EINKEHR Schlossgaststätte mit Biergarten im nahen Leutstetten.

GEHZEIT Ca. 2 Stunden hin und zurück.

AUSRÜSTUNG Mindestens Turnschuhe, besser trittfeste Wanderschuhe.

22 DIE BIRG BEI SCHÄFTLARN

BÖSE GESCHICHTEN UM DAS VERWUNSCHENE BIRGWEIBL

Ein altes Weib – wie aus dem Nichts. Schwupp! Sitzt die Alte auf Ihrem Rücken und will ein Stück des Weges getragen werden. Sonst … Das Wort »Hexenschuss« wird Ihnen klar wie nie! Eine dunkle Sage zum Hingehen und Erwandern. Aber Vorsicht: Das Birgweibl geht um und »sitzt auf«, damals so wie heute!

Der Sagenweg, der letztlich ins eigene verborgene Ich führt, beginnt an einer Lichtung am Ende der Forststraße von Hohenschäftlarn. Sie stellen den Wagen ab und begehen den schmalen Waldweg, der nach links etwas nach oben führt. Bald spazieren Sie in Richtung Osten, in Richtung des weiter vorne steil abfallenden Isarufers, staunen über diese Hochfläche mit unerklärlich hohen und monumentalen Wallanlagen, die an gigantische Ackerfurchen erinnern. Bereits das Schild am Parkplatz hat über die keltische Vergangenheit des Areals aufgeklärt.

Schon während der Bronzezeit war hier ein historisch nachweisbarer Siedlungs- und Kultplatz. Von Rüstungsproduktion, aber auch von einer Thing-Stätte weiß die Forschung. Doch über den hier bis zu 10 Meter hohen, wohl ehemals kultischen Erdwällen schwebt stets ein Fragezeichen. Der Sinn solcher Wälle? Eine Fliehburg? Oder Kultanlage? Gewolltes Hindernis für feindliche Reiterhorden?

Dann, nach etwa 20 Minuten Gehzeit, stehen Sie wirklich an der Kante des Isarhochufers, blicken weit hinab ins Flusstal der »Reißenden«. Eine faszinierende Landschaft öffnet sich, bannende Ur-Natur, die immer schon wild, gefährlich und

Ein Bankerl mit Weitblick übers Isartal

unberechenbar war und damit archetypische Sagen sowie Mythen gebar. Immer wieder stoßen sie auf dem Birg-Rundweg auf die Spuren von Ritualen, die von verborgenen Kreisen hier abgehalten worden sind. Hier ein Stein-Altärchen, dort ein kultischer Steinkreis, Hölzer wissend als Zauber-Runen gelegt … Wer sind die Unbekannten, die zumeist in Vollmondnächten hierherkommen? Das fühlbar Unheimliche (neben der großen Faszination) der Birg erklärt die Sage vom Birgweibl: Denn die Birg ist mit einem Fluch belegt, ebenso wie eine längst versunkene Burg. Die Festung gehörte dem Raubritter Sachsenhauser. Es kam zur Belagerung, die Burginsassen aber gaben nicht nach, sie hatten genug Vorräte – und eine Quelle im Inneren. Da wusste die böse Birghexe teuflischen Rat für die Feinde: Man solle doch ein Pferd fast zum Verdursten bringen. Das verzweifelte Tier grub dann mit scharrenden Hufen an der richtigen Stelle, nämlich an der Quellader. Die Feinde vergifteten die Quelle, die Burginsassen waren erledigt. Seitdem wirkt der Fluch der bösen Tat: Das Birgweibl ist verdammt, es geht um, genau zwischen Schäftlarn und Baierbrunn. Die Alte fragt jeden nach dem Weg, entweder will sie Richtung Schäftlarn oder Richtung Baierbrunn hatschen, je nach dem. Und dann wandelt das gebückte Weiberl neben einem her, und! Urplötzlich sitzt die Untote auf, springt behände auf den Rücken … Aua! Hexenschuss! Tut das weh! Also besuchen und erwandern Sie den verwunschenen Ort … aber seien Sie sehr, sehr vorsichtig!

CHARAKTERISTIK Kraftort-Eldorado. Kelten, Ahnen, Überblick nicht nur übers Isartal.

START- UND ENDPUNKT Parkplatz am Ende der Forststraße, die unweit der Bahnstrecke Richtung Osten abgeht. Bei der metallenen Informationstafel über die keltische Vergangenheit links hoch.

VERLAUF Eine Rundtour, die zum steil abfallenden Isarhochufer führt, dann, nach der dritten Bank mit Traumblick wieder links ab durch den Wald – und zum Parkplatz zurück.

EINKEHR Einige Lokale in Hohenschäftlarn. Jedoch der Weg zum Biergarten gegenüber dem Kloster Schäftlarn (auch innen schönes Sitzen) lohnt.

GEHZEIT Ca. 2 Stunden Rundweg.

AUSRÜSTUNG Mindestens Turnschuhe, besser trittfeste Wanderschuhe. Oft geht es über Wurzelwerk.

23 ALTOQUELLE IN ALTOMÜNSTER

HEILIGE, HEXEN, DRUIDEN UND VERSTECKTE NONNEN

Im eigenen Sarg schlafen? Nur ein Gerücht oder ...? Unheimlich sind allein schon die Gerüchte, die man den geheimnisvollen und verschwiegenen Nonnen im Kloster nachgesagt hat. Absolutes Schweigegebot, niemals einen Menschen der Außenwelt sehen oder eben gar im eigenen Sarg schlafen. Das Birgittinnen-Kloster wurde im Jahre 1496/97 hier am Ort angesiedelt, es geht auf das schwedische Mutterkloster Vadstena zurück, das 1343 von der Heiligen Birgitta gegründet worden ist.

Das mit dem Schlafen im Sarg bezeichnet eine Ortsansässige, die zur Auskunft bereit ist (das findet man hier allerdings selten), als Gerücht, das auf folgende Tatsache zurückgeht: Im Kloster-Eingangsbereich stünde eine offene Totenlade zur täglichen Mahnung. Auch das ist, wenn man die bizarre Tatsache nicht als christliches Memento mori abtut, ziemlich okkult und erinnert eher an freimaurerische Tempelarbeit. Die Kirche, ein Zentralbau, wirkt düster, magisch und bannend; der linke Seitenaltar fällt durch viele vom Kerzenrauch geschwärzte Totenschädel auf. Unterirdische Quellen, vor allem unter den Stufen hoch zum Eingangsbereich der Klosterkirche, spürt der Fühlige sofort. Was hier unter den Treppen so fröhlich plätschert, ist übrigens die wirkliche Altoquelle, jene Stelle, da dereinst der Wandermönch seine erste Klause baute.

Von hier aus zur sehenswerten zweiten Altoquelle im Wald. Gut ausgeschildert, Geschichte wird sofort lebendig: Alto, ein iroschottischer Wandermönch, ließ sich etwa um das Jahr 730 hier im Quellgebiet nieder. Bald erkennt der staunende Wanderer im hohen Wald keltische Wallanlagen, der Weg führt in die Waldestiefe, und da! In einer verzauberten Waldsenke die Quelle, ein stets sprudelnder Quell. Nicht erschrecken. Denn die überlebensgroße Holzfigur mit dem birkenen Schlangenstab wirkt so eigenartig lebendig. Sie »schlägt« das Wasser wie dereinst Moses, der Abtsstab ist eine Wünschelrute. In der linken Hand hält der erdverbundene Heilige einen Kelch, in dem der Erlöser sitzt. Der wissende Besucher ahnt, dass es sich hier um einen Gralsort handelt, mit dem Wissen der Eingeweihten – und dem Naturwissen der Hexen ebenso. Denn überall baumeln bunte Hexenbänder, Hexenschnüre, Wollfäden in den Farben Schwarz, Weiß und Rot. Die Farben der drei Bethen, der christlichen Dreiergruppe der Heiligen Einbeth, Warbeth und Wilbeth. Weiß für Geburt und Jugend, Rot für Reife und Empfänglichkeit, Schwarz für gereiftes Wissen – und Tod.

Der Abtstab des Alto als Wünschelrute

Tod? Die überlebensgroße Figur des heiligen Alto wirkt auf seltsame Weise lebendig, man denkt, er könne sich im nächsten Moment bewegen. Doch der Heilige steht und harrt aus, im Abtsornat, mit dem Abtsstab sowie eben dem Gralskelch, aus dem sich die Figur des segnenden Christuskindes erhebt. Hier greift die Legende ein, denn der Heilige soll, als er während der Messe den Kelch erhob, eine wunderbare Christusvision gehabt haben. Jesus mit ausgebreiteten Armen! Übrigens ist diese Vision auch in einem Deckengemälde in der Klosterkirche über dem Altarraum wiedergegeben. Sie werden lange an der Quelle bleiben. Die Zeit steht still. Wer sich in Vollmondnächten hierher traut, erlebt urweibliche und sehr archaische Rituale, deren Spuren tagsüber sichtbar sind. Ein besprochener Ort der Heilung, der trotzdem unheimlich bleibt.

CHARAKTERISTIK Kirchenbesuch und magische Waldwanderung mit Quellerlebnis und einem Raum-Zeit-Tunnel, der die Zeit eben vergessen lässt. Also zurückgehen, bevor es dunkel wird.

START- UND ENDPUNKT Auf den hohen Stufen des monumentalen Portals von Kloster Altomünster.

VERLAUF Von Kloster und Ort Altomünster aus die Halsrieder Straße entlang, auf dieser bis zum Waldrand, jetzt zu Fuß in das Zaubergrün.

EINKEHR In Altomünster gut geerdete Gaststätten. Etwa Maierbräu oder Kapplerbräu im Ortskern.

GEHZEIT Zur Quelle im Wald vom kleinen Parkplatz aus ca. 25 Minuten, dann ist ein Waldspaziergang zu empfehlen.

AUSRÜSTUNG Keine besondere. Nach Jahreszeit. In der Kirche angemessen kleiden.

24 VERSUNKENES DORF AM AMMERSEE

VOM TODESGEIST SCHÄUFERLMO BEI WARTAWEIL

Die verängstigten Rösser steigen mit den Vorderhufen nach oben, das Fuhrwerk kippt. Der Sarg kracht von der Ladefläche herab auf den gefrorenen Boden! Was für ein Bild des Grauens, wenn dann der Deckel aufspringt! Wer das östliche Ammerseeufer entlangfährt, also von Herrsching Richtung Fischen und Pähl, der kommt etwa in der Mitte durch einen Ort mit dem schönen Namen Wartaweil. Von da aus erstreckt sich ein Fichtenwald bis hinauf zur Erlinger Höh. Dort – genau ist der Platz nicht zu orten, jedoch der ganze Wald ist unheimlich – lag das Dorf Ramsee. Das ist heute versunken im Waldboden. Bis ins 19. Jahrhundert hinein kann man die Geschichte des Geisterortes noch nachverfolgen, dann verliert sich jede Spur. Warum nur? Genau hier soll der bösartige Schäuferlmo – ein Gespenst also, bitterböse und immer mit einer schweren Schaufel bewaffnet – sein gruseliges Unwesen getrieben haben. Und manche behaupten: Der tut es bis heute.

Der Schäuferlmo ist ein verwunschener Geist, ein Untoter so wie der fliegende Holländer, den es ewig umtreibt. Das schaurige Zwischenwesen war damals wegen begangener Morde von einer höheren Macht verurteilt. Es muss unter einer Brücke bei Ramsee so lange graben, bis es erlöst wird. Jeder Wanderer, der dort vorbeikam, wusste genau: Ohne Weihwasser wäre er verloren. Das wurde einem Bauern zum tödlichen Verhängnis. Der glaubte an nichts, weder an den Herrgott noch an Gespenstersagen; er ging ohne Weihwasser in der Tasche an der Teufelsstelle vorbei. Da! Der böse Ungeist schlug ihm mit brutaler Wucht die

Gedenkstein an ein verschwundenes Dorf

schwere Schaufel auf den Kopf. Der Bauer schleppte sich tödlich getroffen und schwer blutend nach Haus, musste ins Bett, war acht Tage später »eine Leich«. Damit aber nicht genug. Als schwere Rösser den Karren mit der Totenlade gen Herrsching zogen, »fielen die Viecher in ein lautes Gewieher«, das nicht von dieser Welt war. Sie stiegen hoch mit den Vorderläufen, dann gingen sie durch. Der Sarg krachte auf den Boden. Die verstümmelte Leiche kugelte heraus und lag in bizarrer Verrenkung vor den entsetzten Begleitern des Leichentransportes.

Ein Gedenkstein soll angeblich an das verschwundene Dorf erinnern. Und man sagt, die Andechser Friedenskapelle wäre aus den abgetragenen verwunschenen Steinen des Dorfes errichtet. Der Andechser Pater Coelestin Stöcker behauptete sogar, auch die Glocken und Kirchenbänke hätte man aus dem Geisterdorf herbeigeschleppt. Wer weiß? Auf jeden Fall: Vorsicht, wenn Sie in der Gegend von Wartaweil oder im Wald Richtung Erling herumgeistern. Die Gegend ist von je her verrufen und besprochen. Kein Zufall auch, dass das Ammerseegebiet ein sprudelnder Quell für Sagen von Hexen, Teufeln, Feuergeistern und Naturwesen ist, denn der Ort gebiert hier Halluzinationen und Visionen – und eben Geister. So sollen, nicht weit von hier in der Gegend von Fischen, blaue Lichter umherlichtern. Und das nahe Andechs hat seinen Ruf auch nicht zuletzt wegen dunkler Sagen und Legenden. Dass der letzte machthabende Andechser brutal erschlagen wurde und ein anderes Herrschergeschlecht bis heute anschafft, ist allerdings nicht nur Sage.

CHARAKTERISTIK Ein Suchen im unbestimmten Areal, und doch … Sie gehen hoch die Moräne ab Wartaweil bis zur Erlinger Höhe. Dann der Intuition freien Lauf lassen. Der Ort nimmt Sie mit.

START- UND ENDPUNKT In Wartaweil finden Sie mehrere kleine Parkplätze, auch am See.

VERLAUF Mehrere hübsche Wandermöglichkeiten von Wartaweil aus, auch gen Osten hoch in den Wald. Sicherer ist aber das Ammerseeufer! Wenn Ihre Wanderung in Andechs endet, dann Vorsicht: Der Schäuferlmo riecht das Bier.

EINKEHR Wenn Sie schon in der Gegend sind, hinterher hoch nach Andechs. Mit dem Auto keine 10 Minuten.

GEHZEIT Ganz nach Neugierde und je nachdem, wer Ihnen begegnet …

AUSRÜSTUNG Wanderkleidung.

25 POLLINGER STIFTSKIRCHE

GRUFT MIT GRUNDBRUMMEN UND MODERGERUCH

Sie befinden sich in einer tiefen, dunklen und feuchten Gruft, wohlwissend, dass Ihre Position noch unterhalb der hier im Friedhof von Polling beerdigten Toten ist. Und Sie spüren das. Die Unterwelt will letztlich nicht von Lebenden gestört sein. Schon von Weitem her ist die wehrhafte Klosterkirche aus Pollinger Tuffstein zu erkennen. Und sogar vom Auto aus lässt sich ahnen, dass hier ein besonderer Ort mit einem besonderen Mysterium wartet.

So ist es auch. Die dreischiffige gotische Hallenkirche entstand 1416 bis 1420. Eine Legende weiß von einem heiligen Kreuz, das Herzog Tassilo III. auf der Jagd gefunden haben soll. Auch die Geschichte der Gründung, die bis ins 8. Jahrhundert und sogar auf das von Geheimnissen umrankte Adelsgeschlecht der Huosi zurückführt, nährt dunkles Sagengestrüpp. Das Stammland der Huosi war die fruchtbare Gegend zwischen Lech und Isar in Oberbayern. Blickt man auf die Karte, so liegt Polling mitten im Huosi-Gebiet, bei dem sich seriöse Forschung und verschwörerische Sage, Wirklichkeit und Legendenbildung untrennbar ineinander verschränken.

Der fünfstöckige breite Turm mit dem magischen Oktogon-Aufsatz, einem Achteck also, strahlt Macht, Erdanbindung und Verschwiegenheit ab. Hier wartet ein Geheimnis, aber welches? Da ist die bezeugte Wunderwirkung des Pollinger Kreuzes, ein Tafelkreuz aus dem Hochmittelalter. Manchen wird schon bei dem Anblick schwindelig. Beim Eintritt in das Gotteshaus deuten für den Kenner die beiden Säulen auf den Tempelbau hin, das

Spiel der Polaritäten. Schon vor dem biblischen Tempel Salomons stand ein ehernes Säulenpaar, Jachin und Boas genannt. Dieses Säulenpaar steht für das Spiel der Polaritäten, symbolisiert das Hin- und Herspindeln der Energien am kabbalistischen Weltenbaum und ist für jeden Freimaurer ein bekannter Begriff. Nebenbei: Die Bibel entschlüsselt sich zumeist nur aus kabbalistischer Sicht. Auch Adam und Eva repräsentiert das Säulenpaar, die Polarität männlich und weiblich, dazwischen, als Mittelsäule des Ausgleichs, der Baum der Erkenntnis. Und dann die Schlange als gewundener Weg der Einweihungspfade.

Von solchen Gedanken und Ideen heimgesucht, verlassen Sie die Kirche, schreiten über eine Brücke, die über den kleinen Fluss führt, sind dann im Totenreich, auf dem Friedhof. Zur Rechten wartet ein Rundtempel, der unter Kraftortkennern als Geheimtipp gilt. Eine Tafel sagt, dass hier, in der Heilig-Kreuz-Kapelle, Tassilo das legendäre Kreuz gefunden haben soll. Hinab in die Gruft. Dreizehn Stufen führen, einer Einweihung gleich, vom Licht ins Dunkel. Feucht-erdiger Modergeruch umgibt Sie, ein immerwährendes Grundbrummen liegt in den Ohren – und im Kopf. Diese Gruft ist tief genug, sodass der Besucher sich unterhalb der Grabeslinie der hier Beerdigten befindet. Sie spüren überdeutlich, dass Sie hier im Totenreich weilen, einer Lost Area, die letztlich keine Lebenden will. Hier unten herrschen andere Regeln, die dem Lebendigen zumeist unzugänglich sind. Im Halblicht, kaum erkennbar, die im Todesschlaf harrende Christusfigur auf einem Mauervorsprung. Hier packt Sie zugleich der Ort als auch die Schattenwelt, das Unheimliche. Sie können sich der Wirkung nicht entziehen. Tod, Auferstehung, Wiedergeburt. Die Gruft und dieser Besuch im Hades wirken nach, oft ein Leben lang. Wenn Sie nun hochschreiten, vom Dunkel ins Licht, haben Sie eine Initiation hinter sich.

Kuppel oben, Gruft unten

CHARAKTERISTIK Kirchentour mit herrlichen Wandermöglichkeiten. Ein Weg in die Tiefe des eigenen Unterbewussten. Da Sie sich unterhalb der Beerdigten des Friedhofes befinden, spüren Sie den kalten Atem des Totenreiches. Nicht zu lange hier verweilen.

START- UND ENDPUNKT Kirchenportal der Pfarrkirche Sankt Salvator und Heilig Kreuz.

VERLAUF Kleiner Rundgang in der Kirche. Dann über die Brücke zum Friedhof. 13 Stufen in die Unterwelt und zurück. Evtl. Spaziergang am Fluss.

EINKEHR Passend: Alte Klosterwirtschaft Polling im Ortskern. 500 Jahre Geschichte.

GEHZEIT Im Kirchenbereich nicht erwähnenswert.

AUSRÜSTUNG Keine besondere. In der Gruft ist es recht kühl.

26 SCHATZBERG BEI DIESSEN

VERSUNKENE BURG, ZAUBERFRAUEN UND EINE HEILQUELLE

Bei einer Wanderung begegnen Ihnen drei Frauen. Wunderschön, sehr freundlich, aber unerlöst. Die erzählen Ihnen von einem herrlichen Schatz, hier im Moränenhügel und dessen Erhebung, die an einen kleinen Berg erinnert. »Gut«, sagen Sie, »wo genau?« Doch die drei Bethen sind verschwunden. So ging es vielen hier.

Der Schatzberg auf der dem berühmten Kloster Andechs gegenüberliegenden Ammerseeseite ist als südöstlich sich abzeichnende sanfte Erhebung links neben dem Marienmünster von Dießen erkennbar. Immer vom Ostufer, also von Andechs aus gesehen. Liegt der Zauberberg doch nicht umsonst dem berühmten Andechser Heiligen Berg direkt gegenüber und wahrt das ganz große Geheimnis, den wirklichen verborgenen Schatz der Andechs-Meranier, die wie kaum ein anderes Geschlecht Bayerische Geschichte geprägt haben. Kenner der verborgenen, eher geheim gehaltenen Geschichte Bayerns sprechen vom Iringsberg, das untergegangene machtvolle Geschlecht der Iringer taucht im Namen von Eurasburg heute noch auf.

Der Schatzberg ist Stätte versunkener und sehr dunkler Geheimnisse – in ihm scheinen Macht und Gewalt wie eingegraben und tief verscharrt. Beginnen Sie die Wanderung ab der Schatzbergalm. Ein schmaler Weg führt rechts neben dem Anwesen in den Wald, dann eine leichte Steige entlang, bis Sie nach links abbiegen und der Pfad etwas steiler wird. Da begegnet Ihnen die Mechtildisquelle, ein »Wunschholdbrunnen«. Betrachten Sie den Namen der Andechser Heiligen Mechthild.

Mecht, bayerisch für mögen/wollen und hild, holy, Frau Holle – Heilung! Von hier aus weiter zur keltischen Ringburg und der heidnisch-vorchristlichen, sich jetzt unaufhaltsam wiederbelebenden Urkraft unserer Ahnen. Der Ringwall ist sichtbar auch ein Hexentanzplatz. Das beweisen liegen gelassene, als Runenzeichen gelegte Hölzer und Reste von Schwitzhütten. Auch andere Reste von archaischen Ritualen sind zu finden. Der Mauerrest der Sconeburc (Schöne Burg) ist mit 1158 datiert, dem angeblichen Gründungsjahr von München. Stehen Sie hier, auf dem Ringwall vor dem bemoosten Burgrest, auf ehemaligen starken Mauern. Spüren Sie die mordende Gewalt, die zum Untergang der Andechs-Meranier und zum kometenhaften Aufstieg der Wittelsbacher geführt hat.

Zur Erinnerung: Im Jahr 1208 gerieten die Herzöge von Andechs-Meranien in Verdacht, an der Ermordung von Philipp II. von Schwaben beteiligt gewesen zu sein. Grund genug, die Burg Andechs zu zerstören. Mit dem Tod von Otto II. im Jahr 1248 starb das Geschlecht der Andechser aus. Besitzungen wurden von den Wittelsbachern übernommen …

Wenn Sie Zeit haben und Neugierde: Der Schatzberg hat zwei Gipfel, die andere Erhebung liegt leicht südlich und ist von einem hölzernen Regenunterschlupf gekrönt. Hier finden Sie auch Höhleneingänge. Denn dort sollen die legendären drei Bethen im Berge hausen, die um den immensen Schatz wissen. Darüber wird in Sagen und Mären berichtet: So sollen die Frauen mit überirdischen Kräften, auch Saligen genannt, immer wieder Männern begegnen, die aber mit der Kraft und Liebe der Frauen nicht umgehen können. So bleibt der Schatz weiter im Schatzberg verborgen. Doch wo ist er nun? Wer hier offen und bereit Stunden der Muße und Einsicht verbringt, dem wird klar: Der Schatz ist da! Im eigenen Denken.

Mechthildisquelle: hörbar gurgelndes Heilwasser

CHARAKTERISTIK Herrliche Grusel-Restburg-Tour mit vielen Fantasie anregenden Mauerresten, der ehemaligen Sconeburc, der Schönen Burg also. Das Wissen um einen verborgenen Schatz macht die Gegend so spannend.

START- UND ENDPUNKT Schatzbergalm. Ab Dießen gut ausgeschildert. Parkplatz.

VERLAUF Rundgang ab der Schatzbergalm, oben mehrere Möglichkeiten wegen der zwei Gipfel. Oft längere Verweildauer, um das Geheimnis zu erspüren!

EINKEHR Schatzbergalm. Schweinsbraten legendär, auch sonst gute Küche.

GEHZEIT Ca. 3 Stunden.

AUSRÜSTUNG Wanderkleidung nach Jahreszeit. Kurze Steigungen. Besser leichte Bergschuhe.

27 KRYPTA DES FREISINGER DOMES

BESTIENSÄULE DES SCHRECKENS

Ein archetypischer Alptraum. Das Urtier öffnet sein riesiges Maul und verschlingt Sie mit Haut und Haaren … Fressen und gefressen werden, doch wer dient als Opfer? Hochherrlich steht der Freisinger Dom Sankt Maria und Sankt Korbinian mit den wuchtigen Doppeltürmen über dem Land und kündet von der ungeheuren Macht des Christentums. Ebenso vom iroschottischen Wandermönch Korbinian, der das Tier in Gestalt eines Bären gezähmt hat. So die Sage.

Gehen Sie hinab (im Wortsinne in die Tiefen des Unterbewussten hinab) in die Krypta, genau unter dem Altarraum. Dort stehen Sie staunend zwischen drei Reihen von je acht Säulen. Vier Schiffe mit zehn Säulen halten die unglaublichen Kräfte, die hier walten, in einem seltsamen Schwebezustand. Erdkräfte, Wasseradern, sich kreuzende Drachenlinien gebären diese schwindelig machende Kraft, die Sie hier herunten im Reich von Mutter Erde vereinnahmt. Wenn Sie vor Ort sind, mit Ihrem Körper und Ihrer Seele, dann gewinnt die Ur-Sage in ihrem Kopf Gestalt. Und die Ur-Sage lautet: Fressen und gefressen werden. Zuschnappen, zerkleinern, runterschlucken, verdauen, transformieren. Das Lebendige in ein Exkrement verwandeln. Nach Literaturnobelpreisträger Elias Canetti bedeutet fressen und verdauen die totale und absolute Vereinnahmung, es steht für den Ur-Mythos der Macht. Nicht umsonst spricht ein Machthaber vom Einverleiben einer Volksmasse für seine Zwecke und Ziele. Und Verliebte haben sich (wenn sie wüssten, was sie da daherreden) zum Fressen gern!

Im Zentrum der Krypta finden Sie die Sagen und einen bekannten Roman gebärende Bestiensäule. Die heißt zurecht so, weil hier ein Urtier verschlingt, was zu beherrschen ist. Immer wieder der Drache. Ein Ritter ersticht so ein Ur-Tier, an anderer Stelle hat ein Drache den verzweifelten Menschen bis zur Hälfte im Maul, nur noch der Oberkörper ist zu sehen. Keiner kommt diesem Spiel aus, das Charles Darwins Theorien vom Überleben des Stärkeren Jahrtausende vorwegnimmt. So sehr auch humanitäre Ideologien darüber hinwegtäuschen wollen. Auch Fürsorge und Liebe und soziales Gebärden können verschlingen. So erzählt die unheimliche Bestiensäule keine Sage, sie ist selbst Sage und Ur-Mythos einer entfesselten Götterdämmerung.

Kryptagrusel

Nur die Frau an der Säule, gen Osten blickend, dem aufgehenden Licht zugewandt, sie bleibt unbehelligt. Das Weibliche, das Gebärende, das Leben, es steht über dem (urmännlichen) Wahnsinn des ewigen Krieges aller gegen alle. Sicher ist dies alles hier mit der Legende vom heiligen Korbinian verwoben, der einst, als iroschottischer Wandermissionar, keltisches Wissen an diesen Ort der Macht gebracht hat, an eben jene Stelle, da die alte Agilolfinger-Burg stand.

Die Sage vom Wandermönch Korbinian berichtet zumeist, er hätte das wilde Tier, den Bären, gezähmt. Drum wird der arme Bär auch als braves Lasttier im Wappen dargestellt. Die wirkliche Sage ist aber viel hintergründiger. Der Bär hatte Korbinian überfallen – und aufgefressen. Da sagte der Packesel tadelnd: »Blöder Bär, jetzt ist mein Herr weg – für wen trag ich dann all die Lasten?« Und der Bär gab frech zurück: »Ja warum? Bist halt ein dummer Esel!«

CHARAKTERISTIK Abstieg ins eigene Unterbewusste. Fressen und gefressen werden … Sie kommen der Frage hier unten nicht aus: Bin ich Täter oder Opfer oder …? So wie das Ur-Tier die gefressene Person vereinnahmt, so werden Sie von diesem Kellerraum der Seele verschlungen.

START- UND ENDPUNKT Domplatz Freising.

VERLAUF Kirchentour, Krypta. Auf und ab.

EINKEHR Freising, Weihenstephan (älteste Brauerei der Welt!), Bräustüberl. Mit Kult-Biergarten. Die Forschungsbrauerei schickt Braumeister in die ganze Welt.

GEHZEIT Ca. 1 bis 2 Stunden.

AUSRÜSTUNG Angemessene Kleidung. Sakralräume mit großer Tradition. In der Krypta ist es kühl, nicht nur körperlich, auch seelisch.

28 BADERSEE BEI GRAINAU

EINE VERSENKTE NIXE

Das letzte Geheimnis des sagenumwobenen Märchenkönigs Ludwig II.? Hier in einem kaltklaren Gebirgssee am Fuße der Zugspitze? Manche Wissenden sprechen von einer Sensation hier unter dem glatten Wasserspiegel, einem sprechenden Dingsymbol, von dem aber keiner um die wahre Bedeutung weiß. Denn die versenkte Nixe im Badersee weist den Weg … aber wohin? Zu welchem Geheimnis? Das eröffnet sich erst beim »Da-Sein«.

Die doppelsinnige Tiefe des Geheimnisses, sichtbar in der Tiefe des kristallklaren Sees: Genau hier bei Grainau, am Fuße der Zugspitze, westlich der kleinen Insel im eiskalten Wasser, ist in rund fünf Metern Tiefe eine lebensgroße Skulptur einer Nixe versenkt worden. Anmutig harrt das Zauberwesen, halb Menschenfrau, halb Fisch, auf einem Felsblock aus. Der Bewegung nach zu schließen, will sie nach oben … Oder der Welt im Licht etwas mitteilen. Was? Das Kunstobjekt wurde Mitte des 19. Jahrhunderts an der ungewöhnlichen Stelle angebracht und kann vom Ruderboot aus gut betrachtet werden. Einer modernen Sage nach hat der Märchenkönig Ludwig II. sie hier im grünen Gebirgssee eintauchen lassen. Die Gründe hierfür liegen im Dunkel, die Nixe scheint ein gut gehütetes Geheimnis aus der Tiefe des Unterbewusstseins nach oben zu lenken. Die Geschichten um das Versenken der Bronzefigur hier am magischen Ort bleiben sehr verwoben. Es sollte damals wie heute nichts an die breite Öffentlichkeit gelangen. Wohnt dieser Stelle unter der Wasseroberfläche das letzte Mysterium des Märchenkönigs inne?

Auch munkelt man, die bronzene Dame trüge angeblich Züge von Lola Montez, der legendären Tänzerin und Geliebten von König Ludwig I. von Bayern. Vielleicht ist ihr Geheimnis ein Grund, warum sie so fragend-fordernd nach oben schaut und auf Erlösung hofft. Der Frauenoberkörper ist begehrenswert schön, statt der Beine kreuzt sie zwei Fischschwänze mit beachtenswerter Anmut.

Der Badersee speist sich aus klaren unterirdischen Quellen, deshalb sind hier so ungewöhnlich große Forellen zu bestaunen. Geistige Quellen dieser schönen und zugleich unheimlichen Nixenskulptur sind allerdings weniger klar erforschbar. Grainau liegt in 750 Metern Seehöhe am Fuße des Wettersteingebirges. Erste Siedlungsanfänge unter der Zugspitze, hier am Nordfuß der Waxensteine, reichen bis weit in die vorchristliche Zeit zurück, in die jüngere Steinzeit, später dann die Bronzezeit. Damals sank infolge des wärmeren Klimas der Grundwasserspiegel und gab größere Landflächen frei. Anmerkung: Keiner schrie damals: »Oh Gott, Klimawandel …!« Es gab noch keine Massenbeeinflussung durch eine sensationsheischende Presse. Ab 500 vor Christus drangen keltische Stämme von Westen her in das Gebiet mit der gewaltigen Energie der Berge ein und hinterließen bis heute deutliche Spuren, vor allem in der Benennung von Flüssen wie Isar, Loisach, Ammer. Die nahe Zugspitze bildet mit 2964 Metern die höchste Erhebung der deutschen Alpen. Die Temperatur des Zaubersees sinkt nie unter fünf Grad Celsius und übersteigt nie elf Grad Celsius.

Umrunden Sie den See vom Hotel Badersee aus, der Weg ist Wanderung, Einweihung und großartiges Naturerleben

Eine klare Sache: der Badersee

zugleich: ein Geheimnis, das faszinierend ist, seiner ewigen Verschlossenheit halber aber auch unheimlich. Vom Startpunkt aus, links der kleinen malerischen Insel, wartet die Nixe im See auf Sie.

Tipps zur Entschlüsselung: Nixensagen haben ihren Ursprung, neben wesentlich älteren Quellen um keltische Naturheiligtümer sowie Erd-, Wasser-, Luft- und Quellgeister, zumeist in der Romantik. Da hocken die schönen Fischfrauen, sehnen sich nach Liebe, sind aber Zwischenwesen und auf unbedingte Treue angewiesen und auf echte (!) Liebe. Zumeist werden sie von den Männern bitter enttäuscht, wie im Andersen-Märchen von der kleinen Meerjungfrau. König Ludwig II. zeigt da seltsame Parallelen.

CHARAKTERISTIK Eine herrliche Wanderung am Fuße der höchsten deutschen Alpengipfel. Das Geheimnis erschließt sich aus der Tiefe, eine begehbare Analyse verborgener Sehnsüchte und all dessen, was unter der Oberfläche lauert.

START- UND ENDPUNKT Hotel am Badersee. Hier auch ein Parkplatz.

VERLAUF Rundgang. Ab dem Parkplatz nach rechts wenden, also links herum gegen den Uhrzeigersinn den Zaubersee umrunden (der Abfolge verborgener Geheimnisse wegen).

EINKEHR Hotel am Badersee, sehr gepflegt, oder eine der Gaststätten in der Umgebung.

GEHZEIT Ca. 3 Kilometer, man geht 1 bis 2 Stunden mit Verweilen um den See herum.

AUSRÜSTUNG Je nach Wetter. Bergschuhe in dieser Umgebung besser als Turnschuhe.

29 WALCHENSEE BEI KOCHEL

URTIER AUF DEM GRUND UND GOLDENER RING

Schon die zahlreichen Walchensee-Sagen zeigen das Unheimliche der kalten Tiefe seiner smaragdgrünen Wasser. So soll ein mutiger Taucher dem Urwesen begegnet sein, das vor dem Verschlingen des allzu Mutigen sprach: »Gründs du mich, so schlünd ich dich!« Walchensee bedeutet Wallersee. Der in Urtiefen gründelnde Wels (Waller) erinnert an ein Urwesen der Schöpfung. Denn Drachen und Ur-Tiere haben hier immer schon das Sagen. Wer sich die berüchtigte Kesselbergstraße ab Kochel nach oben bewegt, Richtung Urfeld, der muss unwillkürlich an einen sich schlängelnden Drachen, einen Riesenwurm, denken. Hier regiert die düstere Göttin der archaischen Erdkraft, der man früher Opfer brachte, Menschenopfer auch, die sie sich heute selbst abholt – oder die sich selbst freiwillig als Opfer darbringen. Zumeist Motorradfahrer, die sich der lauernden Gefahr dieser Serpentinenstrecke nicht bewusst sind.

Der Walchensee, seine Tiefen und Ufer haben Geschichte: Um das Jahr 1130 ließ Abt Konrad von Benediktbeuern am Westufer des Sees roden. Eine erste Besiedelung mit Fischerhäusern entstand. Begeben Sie sich in Urfeld zur unheimlichsten Stelle, das ist der abgesperrte Bereich, da die kalten Wasser vor unterirdischen Schleusen warten müssen, um sich dann die monumentalen Fallrohre hinab bis zum Walchensee-Kraftwerk zu stürzen. Warnschilder tun ein Übriges, um Grusel und Fantasie zu wecken; trotzdem passieren in der Nähe immer wieder Tauchunfälle, die zumeist tödlich enden und unerklärlich bleiben.

Trügerische Stille am Walchensee

Das Walchensee-Kraftwerk mit seinem bis zum gegenüberliegenden Ufer hörbaren unheimlichen Brummton gehört zu den größten Hochdruck-Speicher-Kraftwerken Deutschlands. Das seelengreifende Brummen und Summen kommt von den monumentalen Pelton- und Francis-Turbinen und angeschlossenen Generatoren, die Wasserkraft in Stromkraft transformieren: klassische Magie, technisch umgesetzt. Oben und unten die gewaltigen von der Natur geschaffenen Becken, Walchensee und Kochelsee, sind dazu ideal geeignet.

Bevor das Wasser vor der gefährlichen Walchensee-Staustelle auf seine Arbeit wartet und 200 Meter durch Fallrohre in die Tiefe stürzt, gelangt es in ein Wasserschloss (Ausgleichsbecken) mit rund 10000 Kubikmetern Fassungsvermögen. Urkraft der Natur, von einem damaligen Genie und Visionär, Oskar von Miller, urbar gemacht! Schon die Bauarbeiten im Bergmassiv, bis sich 1924 die erste Turbine drehte, forderten mehrere Menschenopfer. Auch die Sage spricht von Opfern, zumeist in der Form eines Goldringes, der jährlich im See versenkt werden muss. Denn hier in den tiefen Wassern harrt ein Urtier, ein entsetzlicher Drache, der ringförmig unten am Grund liegt, ruhig, aber mit statischer Energie geladen. Er beißt sich selbst in den Schwanz, bildet so den magischen Ring der Kraft, die sich explosionsartig entladen wird: Wenn das erzürnte Vieh im Dunkel den Schwanz aus dem Maul fahren lässt. Dann zertrümmert die Wucht eines gewaltigen Schlages jene Gesteinsregion, die den oberen Walchensee vom tiefer gelegenen Kochelsee trennt. Die entstehende Sintflut ergießt sich bis München, setzt das Oberland unter Wasser und vernichtet alles Leben.

CHARAKTERISTIK Staunen über die unbeschreibliche Kraft der Natur, über das Geheimnis des Walchensees, der immer wieder Opfer fordert. Warum?

START- UND ENDPUNKT Urfeld, Staustelle des Wassers, verbotener Badebereich. Brücke mit den Warnschildern. Nordufer des Walchensees, Nähe der Parkplätze, Uferweg. Die Gruselstelle vor dem Abfluss ins Rückhaltebecken ist zugleich Startpunkt einer Uferwanderung.

VERLAUF Rundgang links herum, Richtung Süden herrlicher Uferweg je nach Belieben.

EINKEHR Auf der anderen Seeseite (rechts der Staustelle) Kioske und mehrere Gaststätten.

GEHZEIT Nach Laune, 2 bis 3 Stunden verfliegen.

AUSRÜSTUNG Je nach Wetter. Hier ist es oft windig. Bergschuhe besser als Turnschuhe.

30 MAUSINSEL IM WÖRTHSEE

GRAUSAMER RATTENTOD EINES DESPOTEN

Eine entsetzliche, grausame und brutale Geschichte! Kaum einer der Sommerfrischler am Wörthsee ahnt das Erschrecken und die gellenden Todesschreie aus einer vergangenen Zeit, wenn im Sommer das Wörthsee-Wasser glitzert und zum Schwimmen einlädt! An Wochenenden lieben die in Scharen herbeiströmenden Münchner und ebenso die von zugestellten Parkplätzen genervten Einheimischen dieses samtweich seidige Wasser. Der runde See fand südwestlich von München und östlich des wesentlich größeren Ammersees sein Eiszeitbecken. Kenner wissen zudem: Im Winter gibt es hier auf der Oberfläche das glatteste Eis für Stockschützen und Schlittschuhläufer. Zusammen mit dem Starnberger See, dem Ammersee, dem Pilsensee und dem Weßlinger See gehört der Geheimtipp zum Fünfseenland.

Blickt man vom Gemeindehaus am nordöstlichen Ufer, dort wo auch ein idealer Parkplatz wartet, in südwestliche Richtung, dann ist die kleine Insel, Mausinsel genannt, gut zu erkennen. Doch wohnt ihr eine schreckliche Sage inne, die zudem einen wahren Kern haben soll. Dereinst herrschte hier ein sadistischer und grausamer Despot mit Sitz auf der Burg Seefeld, wohl ein Vorfahre der Grafen von Toerring. Diesem alten bayerischen Adelsgeschlecht gehört die Insel heute noch. Der damalige Landesfürst war nicht nur streng und konsequent, was ja einen guten Herrscher auszeichnen mag. Nein, er agierte mit drakonischen Strafen, hatte auch noch Freude und

Mausinsel: vergeblicher Zufluchtsort eines Despoten

Vergnügen am dämonischen Quälen der ihm untergebenen Kreaturen.

Der Graf war so unermesslich reich wie die Bauern der Umgegend bitterarm. Jeden Tag verhungerten einige der Bauern. Kinder ebenso. Um den Gequälten die Not extra spüren zu lassen, feierte der Schlossherr ein opulentes Fest und prasste mit seinen Artgenossen. Er konnte sich erst reich und vermögend fühlen, wenn er sah, wie wenig andere zum Leben hatten. Man hörte den Lärm eines Festes, Lachen, Singen und Trompetenschall, weit ins Land hinein. Da kamen die verzweifelten Hungernden zum Schloss, um zu betteln. Sie hofften wohl, das ausladende Fest, die gute Stimmung und der Alkohol würde die Feiernden milde und wohltätig stimmen. Solches belustigte den Satan nur. Er wies seine Wachen an, die Tore zu öffnen und das Gesindel, wie er sagte, hereinzulassen. Dann ließ er alle in eine große hölzerne Scheune treiben, die Tore fest verschließen und mit Balken verrammeln. Kein Entrinnen war aus dem Gefängnis möglich. Schlimmer noch. Die Scheune wurde an allen vier Ecken in Brand gesteckt. Verzweifelte Todesschreie! »Ich sollte euch doch vom Hunger befreien …!«, spottete der Teufel. Die Eingeschlossenen, Männer, Frauen, Kinder und Säuglinge, verbrannten jämmerlich bei lebendigem Leibe. Das letzte Winseln der Sterbenden verglich er hohntriefend mit dem Fiepsen von Mäusen. Doch die höhere Macht griff ein. Das Schloss wurde von einer entsetzlichen Rattenplage heimgesucht. Der Schlossherr floh auf die kleine Insel im See. Die Mäuse und Ratten waren schon da und fraßen ihn an. Er ließ sein Bett an Ketten befestigen, die von der Decke herabhingen. Doch die Nagetiere kamen über die Zimmerdecke und dann die Ketten herab in sein Bett – und fraßen ihn auf, bei lebendigem Leib. Seitdem heißt das kleine Eiland Mausinsel. Kaum einer betritt es, bis heute.

CHARAKTERISTIK Sage mit wohl wahrem Kern. Die einen hatten viel zu viel, die anderen nichts. Der heutige Tourismus hat da viel verschoben. Und alles sichtbar und ergehbar in traumhaft schöner Natur.

START- UND ENDPUNKT Ideal ist der Parkplatz beim Gemeindehaus Steinebach für einen Rundgang.

VERLAUF Links herum, am Badegelände und dem Augustiner vorbei, dann die Seite von Bachern, hier der Mausinsel ganz nahe, über Walchstadt zurück.

EINKEHR Seehaus Raabe und Augustiner haben Kultstatus. Augustiner mit gepflegtem Badegelände.

GEHZEIT Ganz um den See herum 3 Stunden.

AUSRÜSTUNG Je nach Wetter. Wanderschuhe bei Nässe besser als Turnschuhe. Keine Steigungen.

31 HÜGELGRÄBER BEI RIEDEN UND BUCHENDORF

MAGIE DER AHNEN

Menschenopfer? Auch hier? Vieles deutet darauf hin. Denn im Grab der Seherin fanden Nachbestattungen statt und vieles – vor allem viel Geheimgehaltenes – deutet genau darauf hin. Das unweite Buchendorf steht damit in historisch-geomantischem Zusammenhang, wie die Hinweistafel in Buchendorf beweist. Höhepunkt aller Kraftort-Führungen ist und bleibt das magische Grab der Seherin unweit der Drei-Bethen-Quelle im Mühltal, gar nicht weit weg von Leutstetten.

Bis heute ist das dort erlebbare Kraftfeld-Eldorado ein wirkmächtiger Ort wissender und besorgter Ahnen, den lediglich der Energiefluss der Würm vom sagenumwobenen Karlsberg trennt: Würm, Wurm, Erdtier – also der Drache – ein aus der Eiszeit geborener Drachenfluss, der den geheimnisvollen, so geschichtsträchtigen Karlsberg im beschützenden Halbkreis umfließt. Am Ortseingang des nahen Ortes Leutstetten steht zudem die Kapelle Sankt Alto mit dem berühmten Bildnis der drei Bethen. Einbeth, Warbeth und Wilbeth: immer in den seelengreifenden Ur-Farben der Erde, Schwarz-Weiß-Rot.

Das Grab der Seherin, einer Druidin vergangener Ahnentage, die vermutlich den real-historischen Hintergrund der sagenumrankten Bethen ausmacht, deutlich nordöstlich abgesetzt von der keltischen Nekropole, der Totenstadt. Die Bannmeile ist auf alten Karten mit »Herrgottsruh«

bezeichnet. »Hier fand Julius Naue, Maler und Historiker, unter einem mehrschichtigen Steinbau ein ziemlich vollständig erhaltenes Frauenskelett, der Kopf war etwas zur Seite geneigt, die Beigaben schienen für die ältere Bronzezeit überaus reich …«, das berichtet ein altes Buch. Der Ort bleibt unheimlich, denn es hat sich hier immer wieder ein Phänomen gezeigt, das vor allem bei größeren Gruppen mit staunendem Erschrecken zu beobachten war: Einzelne Teilnehmer »sahen« die Zukunft. Das beweist: ein ganz besonderer Ort, der hellsichtig macht!

Vom Parkplatz bei der stillgelegten Wirtschaft Mühltal an der Würmbrücke gehen (oder fahren) Sie ein kleines Stück südlich bis zur Würmbrücke, dann immer Richtung Golfgut Rieden die Straße aufwärts. Unmittelbar nach der Eisenbahn-Unterführung wartet rechts ein kleiner Parkplatz. Hier

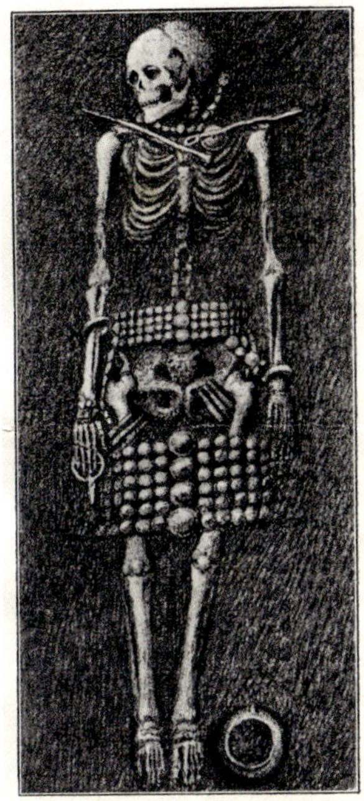

Das Grab einer keltischen Seherin

zu Fuß in den Wald, beim großen Sendemast nach rechts wenden, am Wasserschloss (einem sogenannten Hochzonenbehälter) vorbei durch das Hügelgräberfeld. Bald, abschließend zur Rechten, das hervorgehobene und stets auffällig geschmückte Grab der Seherin. Gemeint ist eine Erwählte mit den machtvollen Gaben der Prophetie. Diese hier mit Opfergaben – vielleicht sogar Menschen-Opfer-Beigaben – bestattete magische Ahnenfrau wirkt weiter, transferiert die Sehergabe ins Jetzt!

Magische Orte machen hellsichtig, sie funktionieren als Raum-Zeit-Schleusen, da hier die Einflüsse von Masse und Geschwindigkeit anders wirken. Die Nähe von Wasser (Quellgebiet, Wasser ist immer ein hervorragender Informationsträger) spielt dabei eine besonders wichtige Rolle. Dazu kommt die Lage auf einem Schnittpunkt der wichtigsten Drachenlinien des Fünfseenlandes. Denn die ganz in der Nähe sich schlängelnde Würm folgt genau einer ausgewiesenen Kraftlinie.

CHARAKTERISTIK Klassische Kraftortwanderung zwischen zahllosen Hügelgräbern der Hallstattzeit. Eine sogenannte Nekropole, eine Totenstadt. Fühlige nehmen hier dieselben Kräfte wahr wie auf einem Friedhof.

START- UND ENDPUNKT Mini-Parkplatz nach der Bahnunterführung, dort, wo es Richtung Süden zum Golfgut Rieden geht.

VERLAUF Waldspaziergang zum Grab der Seherin und zurück.

EINKEHR Das nahe Golfgut Rieden. Sehr gepflegter, von Golfern besuchter Gasthof. Herrliche Aussicht über den Starnberger See Richtung Süden und bis zu den Alpen.

GEHZEIT So wie beschrieben ca. 2 Stunden.

AUSRÜSTUNG Je nach Jahreszeit. Wanderschuhe.

Geheimnisvolle Muster im Schnee

Und nun ergänzend, die Keltenschanze von Buchendorf: keine zehn Minuten mit dem Auto, Richtung Gauting, dann rechts ab nach Buchendorf. Menschenopfer? Hier? Wenn Sie sich zur Abenddämmerung ins Innere des magischen Rechtecks der deutlich erkennbaren Schanze mit den hohen Seitenwällen begeben, dann werden Sie hellsichtig: Sie erkennen Vorgänge, die erst in der Zukunft stattfinden. Warum? Keiner kann dies erklären. Der Ort packt Sie, der Ort nimmt Sie mit. Die Kraft und Macht der Ahnen, spürbar genau an diesem ausgewählten Fleck.

Zumeist bezeichnet man die Reste eines vier- oder rechteckigen Areals als Keltenschanze, meist mit einem umlaufenden Wall oder Graben versehen. Diese Keltenschanze nahe Buchendorf ist nicht nur einen einzigen Besuch wert. Wer einmal da war, der kommt wieder. Eine dort herrschende Thermik zeigt sich als vollkommen anders als in der näheren Umgebung. Deutlich führt dies der Flug der Vögel vor Augen. Mit weit ausgebreiteten Schwingen werden die Tiere nach oben getragen. Und im Herbst lassen Kinder bevorzugt innerhalb der Schanze Drachen steigen, denn die Thermik innerhalb der Schanze ist besser als außerhalb, alles zieht nach oben.

Nicht nur die warme Luft, auch haben wir hier einen sogenannten tellurischen Trichter, ein Fleckchen Erde, das Gedanken, Wünsche und Sehnsüchte nach oben fahren lässt. Diese Kultstätte aus uralter Zeit bedeutet nichts anderes als ein Himmelsloch. Was Keltenschanzen so interessant macht, ist die Tatsache, dass solche Anlagen der Vorzeit niemals vollständig erforschbar sind und damit der Spekulation breiten Raum geben. Verteidigungsanlage? Kultstätte? Opferareal? Gar mit Menschenopfern? Denn die sogenannten Opferschächte liefern organisches Material, was durchaus auf Menschenopfer schließen lässt.

Selbst nach einem kurzen Besuch ist der Besucher »aufgeladen«, offen für neue Gedanken. Das setzt sich auch im nahen Forst fort. Gehen Sie an der Schanze unserer Ahnen vorbei, folgen dann dem schmalen Weg, einem Trampelpfad eher, bis diese Gedankenlinie in einen breiteren Kiesweg mündet. Dem folgen Sie nach links. Und bald sind Sie im Wald. Nach etwa 20 Minuten eine Wegkreuzung. Nach kurzer Wegstrecke wenden Sie sich beim Gehen nach links. Vorher müssen Sie den Waldweg »Preysing geräumt« queren. Der aufmerksame Pilger findet bald die Lichtung mit der unübersehbaren, vier Meter hohen magischen Pyramide. Offizieller Name dieses Denkmales mitten im Wald: Preysingsäule. »Stehen in Gottes Gnad, Macht stehen allzeit grad«, so lautet die Inschrift, die in den Stein der Preysingsäule gemeißelt wurde.

Die Geschichte dazu geht so: 1735 stürzte Max Emmanuel von Preysing, erster Großkanzler des Kurfürsten Karl Albrecht, bei einer Jagd vom Pferd. Doch überlebte er den schweren Sturz. Ein Unglücksort also im Wald, der immer noch seltsam aufgeladen ist. Fühlige spüren indes, dass dieser Ort eines einstigen Reitunfalles nun eher einen Platz der seelischen Reinigung, gar der Heilung bedeutet.

Die Preysingsäule im Wald von Buchendorf

Nachdem Sie sich über dreiteilige Pyramiden genügend Gedanken gemacht haben, wandern Sie weiter, biegen bald nach links, und suchen dort, wo der Wald (Forst Kasten) an das freie Feld grenzt, zur Rechten die gut erhaltenen Hügelgräber der Hallstattzeit. Die Suche nach den Hügelgräbern ist immer wieder ein bannendes Erlebnis, Sie finden den verzauberten Waldweg »Buchendorfer geräumt« (vom Gartencenter Kiefl in östlicher Richtung verlaufend). Nördlich davon sind die dicht bewachsenen und mit Dornengestrüpp überwachsenen Rundgräber. Ortssagen aus dieser Gegend handeln zumeist von dreisten Schatzsuchern, die von unermesslichen Werten in den Gräbern gehört haben. Und dann von nächtlichen Geistern bedrängt werden. Denn hier herrscht immer noch ein hochaktiv morphogenetisches Feld. Die Kraft und Macht der Ahnen.

CHARAKTERISTIK Klassische Kraftortwanderung zwischen Hügelgräbern.

START- UND ENDPUNKT Der praktische Parkplatz vor einem eingezäunten Kinderspielplatz am Fuße der Keltenschanze. In Buchendorf den Schildern »Keltenschanze« folgen.

VERLAUF Ab der Schanze über den Trampelpfad zum Kiesweg, links ab in den Wald. Von der Preysingsäule aus führen Waldwege in jede Himmelsrichtung und Sie haben immer wieder einen Fixpunkt. Bei schönem Wetter sollten Sie auf den Wällen der Schanze verweilen, um die dort sich einstellenden Visionen zu erhalten.

EINKEHR In Buchendorf Gaststätte Haller. Im Sommer mit kleinem Biergarten.

GEHZEIT Etwa 2 bis 3 Stunden.

AUSRÜSTUNG Turnschuhe oder Wanderschuhe. Kein Höhenunterschied.

32 BOMBENSCHUTTKAPELLE UND HEXENSEE

SEELENKRIBBELN NÄHE DEGERNDORF UND MÜNSING

Das Grauen des Zweiten Weltkrieges. Bomben auf München. Grenzenloses Leid. Ein in der Luft explodierendes englisches Kampfflugzeug, über dieser Idylle von Degerndorf. Phosphorbomben … Sollten Sie bei einer Wanderung im Fünfseenland hierherkommen und die Schönheit der Gegend, den Weitblick über den See bestaunen, dann ist von dem Grauen nichts mehr zu sehen. Aber Sie spüren da etwas Unheimliches!

Wenn im Winter auf heller Schneedecke das Querfeldeingehen möglich ist, können Sie fast geradewegs vom Wunderort Holzhausen, wo dereinst die 1000-jährige Linde stand, Richtung Degerndorf zur Maria-Dank-Kapelle wandern. Dann queren Sie mehrere Kraftfelder. Erspüren Sie es, denn die Energie bleibt bei Ihnen! Die Kapelle ist Kultort seit dem Zeitpunkt der Erbauung; hingabevolle Besucher und Wundersuchende zeugen davon.

Ein besonderer Weg führt über den kleinen Weiler Attenkam. Zunächst gehen Sie den Kirchenhügel hinunter, eine gewundene Straße führt direkt in den Ort Holzhausen. Dann kommt bald der hölzerne Wegweiser »Attenkam«. Hier den rechten Pfad wählen, der Straße entlang durch ein Wäldchen, dann öffnet sich die Wegkreuzung. Rechts ab nach Attenkam. Sie werden erstaunt sein, wie die Ortsenergie hier zieht, Sie befinden sich abseits der Leben spendenden Erdenergie und Vitalkraft. Denn zwischen den Häusern von Attenkam stehen Sie nun neben den sogenannten Drachenlinien. Die Stimmung ist geradezu konträr zu dem seelischen Höhenflug auf den weiten, hebenden Feldern ringsum. Doch da, zur Rechten, eine winzige Kapelle ... Der schmale Weg führt genau nach Süden, bald sind Sie auf der Autostraße, die Degerndorfer Kapelle im Blick. Hier ist es postkartenschön – und dennoch etwas unheimlich. Das macht die dunkle Vergangenheit, Krieg und Rettung haben sich hier eingeschrieben.

Fühlige spüren: Dieser Kraftort atmet eine faszinierende Geschichte der Ahnen. Die dazugehörige Geschichte weiß: Ein gewisser Odalschalk hatte hier eine eigene kleine Kirche. Die war, wie im sichtnahen Holzhausen, dem heiligen Johannes geweiht. Die Degerndorfer Höhe – übrigens eine der höchsten Erhebungen der Starnberger-See-Seitenmoränenzüge – liegt 681 Meter über dem Meer. Darauf lockt die heutige kleine Kapelle auf dem 719 Meter hohen Fürst Tegernberg – mit der Altarseite »gewestet« (Kirchen sind stets geostet, der Altar dem aufgehenden Licht zugewandt). Das Kirchlein wurde zwischen den Jahren 1947 und 1948 aus Bauschutt des schrecklichen Münchner Bombenkrieges erbaut. Aus Dankbarkeit, weil bei einem Flugzeugabsturz eines englischen Jagdbombers – am 17. Dezember 1944 explodierte eine britische Lancaster mit Phosphorbomben noch in der Luft – der Ort Degerndorf wie durch ein Wunder verschont blieb. Also ein Wunder des Überlebens. Am Mariä Himmelfahrtstag 1948 fand die Einweihung statt. Stehen Sie staunend auf der Wiese südlich des kleinen Tempels mit Zauberblick auf die gesamte Alpenkette. »Es« fließt aus dem Boden der Moränenlandschaft in Sie hinein, die Füße prickeln, die Seele bekommt – Flügel. Alles will ... nach oben!

Kraftortzauber bei Nacht

CHARAKTERISTIK Die Magie des Oben-Seins. Ein Wunderort mit dunkler Vergangenheit, der nicht umsonst Höhe heißt. Bombenschutt wurde transformiert zum lieblichen Kapellchen. Sie spüren hinter der Idylle den Abgrund. Aus Vernichtung wurde Heilung.

START- UND ENDPUNKT Kleiner Parkplatz am Fuße der Kapellenanhöhe.

VERLAUF Rundgang. Je nach Laune längeres Wandern in jede Himmelsrichtung möglich.

EINKEHR Nicht weit weg, direkt am See das Landhotel Huber.

GEHZEIT Fällt bis zur Kapelle nicht ins Gewicht. Leichter Anstieg, eben Degerndorfer Höhe. Aber wandern ... unbegrenzt.

AUSRÜSTUNG Windjacke! Fast immer weht hier ein Wind. Turnschuhe genügen.

Von der Degerndorfer Kapelle sind Sie rasch am erdigen Buchsee. Mit dem Auto zurück nach Münsing, dann in der Ortsmitte ein kurzes Stück Richtung Norden, Richtung Höhenrain. Bald führt ein schmaler, aber befahrbarer Weg links in den Wald: Noch vor der Lichtung lockt das keltische Hügelgräberfeld. Hier sollte die Tour beginnen, eingestimmt auf die Kraft der Ahnen. Es ist ein klassisches Hügelgräberfeld der Hallstattzeit. Diese Totenstadt, Nekropole, ist uralt und wurde schon zur Bronzezeit genutzt. Immer ein sicheres Zeichen eines hervorgehobenen, immer schon magischen Platzes. Heute begehen hier moderne Hexen und Heiler ihre Rituale.

Hexenkraft mitten in Oberbayern. Ganz in der Nähe des Starnberger Sees lockt das verzauberte, vielleicht auch verwunschene Gewässer bei Münsing. Buchsee: Nomen est Omen. Wenn wir an der uralten Buche stehen, die eine flache Badesommer-Einstiegsstelle des Ostufers dominiert: Der Ort nimmt einen mit! Zur Sommerzeit ist das labende Bad im Seele streichelnden, erdig braunen Moorsee ein Muss. Das seidige und erdig braune Wasser, ruhend im runden Toteisbecken, das von der Würm-Eiszeit geschaffenen wurde, hat heilende

Postkartenschön und dennoch unheimlich: die Degerndorfer Kapelle

Kraft. Der Schilfgürtel, die wunderbaren Seerosen … aber auch die Wiener Würstl, wie sie aus einem Fenster heraus verkauft werden. Einmalig. Wandern können Sie von hier aus in alle Richtungen.

Uns lockt als Kraftort-Spürende und -Schatzsucher die Kultkapelle auf dem magischen Hügel von Weipertshausen. Südlich oder nördlich am erdigen See vorbei durch das Gebiet der Ahnen, gehen Sie zurück zu den Hügelgräbern und wenden sich dann nach links, immer durch lichte Laubwälder. Zunächst in nördlicher Richtung, dann ein schmaler Weg wieder links, an einem freistehenden großen Hof vorbei, gleich rechts, sofort wieder links, südlich gen Westen. Irgendwann rückt der Hügel mit der magischen Kapelle in den Blick. Aus welcher Richtung Sie auch kommen, die Kraft des Hügels strahlt weithin ab.

Die Kapelle steht auf einem sogenannten Weltenhügel, einem long barrow. Im Frühling und Hochsommer ist das kleine Gotteshaus hinter dem dichten Laubwerk der alten Buchen und Linden fast unsichtbar. Versuchen Sie vom ersten Augenblick an, da die Kapelle in Ihrem Blick liegt, im Jetzt zu sein. Denn hier steht die Zeit still. Mögen die Jahreszeiten wechseln, das Laub dem Schnee weichen, hier ist immer ein Jetzt. Der schmale Weg schlängelt sich wie ein Führungsdrache nach oben. Von dichtem Blattwerk überdacht, finden Sie oben die auffallende Mulde im Hügel: Ein extrem abladender Platz ist das hier. Registrieren Sie den okkulten Steinkreis, ruhen Sie auf einer der so einladenden Bänke im Süden des Tempels. Achten Sie auf die Gedanken, die Ihnen hier durch den Kopf ziehen. Sie denken nicht, Sie werden gedacht, klinken sich ein in uraltes Wissen, das der Ort

Erdiges Zauberwasser: am Buchsee

speichert. Runenzeichen im Holz zeugen von besonderen Besuchern. Die Bank unter der riesigen Linde im Südwesten, der keltische Ringwall im Süden, der sich bis zu den Alpen erstreckt. Irgendetwas bleibt dennoch unheimlich und fordernd: Es ist die ungebrochene Kraft der Vergangenheit, der Ahnen.

CHARAKTERISTIK Schwimmen, im Wortsinne Seelen-Baumeln, Kraftort-Wandern, Ahnen-Ahnung, Einklinken in uraltes Ahnenwissen. Eine aufregende, durchaus auch unheimliche Zeitenreise in unsere Vergangenheit.

START- UND ENDPUNKT Parkplatz auf der Wiese vor dem alten Bauernhaus beim Buchsee mit liebenswertem Mini-Biergarten. Von hier aus Zugang zum See.

VERLAUF Evtl. Schwimmen im seidigen Heilwasser zur Sommerszeit. Wandern wie im Text beschrieben.

EINKEHR Einmalig. Beim Bauernhaus Wiener Würstl aus dem Fenster.

GEHZEIT So wie beschrieben ca. 3 Stunden.

AUSRÜSTUNG Je nach Jahreszeit. Wanderschuhe.

33 TODESSTELLEN VON KÖNIG LUDWIG II.

ABGRÜNDE DER SEELE IN BERG UND BEI NEUSCHWANSTEIN

Es war Mord!«, das steht auf den Schilden der Guglmänner, den schwarz vermummten Templern und Totenbegleitern bei Grablegen der Wittelsbacher Herrscher. Ludwig II. (1845–1886) war – dies wird recht selten gesehen – ein Magier. Vor allem aber war er ein sehr profunder Kenner magischer Plätze im oberbayerischen Raum. Zeit seines Lebens galt der königliche Eingeweihte als unverstandener Einzelgänger. Jedoch ging der eifrige Bauherr sehr bewusst mit der Auswahl seiner Bauplätze um. Für die Kraftplätze hatte er eine eigene Benennung: Kosmischer Einstrahlungspunkt.

Anhand des längst zum Kultort gewordenen Todesareals von Berg gelangt der Interessierte bei einer Kraftortführung nicht nur zu einem profunden Wissen über Leben und Hintergründe, sondern auch über die nicht enden wollende Legendenbildung um Ludwig II. Denn hier verlor der König am 13. Juni 1886 unter nie aufgeklärten Umständen gewaltsam sein Leben. Und der tote, besser der getötete, Monarch trieb schließlich im flachen Uferwasser. Nur das ist Tatsache, sonst nichts. Genau dort geschah ein zu verschleiernder Gewaltakt, wo heute ein Holzkreuz errichtet ist.

Der Weg zum begehbaren Todesmysterium führt vom Dampfersteg zum Lidl-Haus, durch den Zauberwald des Schlossparks zur Votivkapelle, dem Gralstempel der Ludwig-Verehrer. Unterwegs erfährt der Teilnehmer, was einen magischen Ort ausmacht, er hört vom dunklen Hintergrund des königlichen Ablebens, von dem gut gehüteten verborgenen Wissen der geheimnisumwobenen Guglmänner (das sind schwarz vermummte Tempelritter-Nachkommen, die seit jeher dem Sarg eines toten Wittelsbacher-Monarchen vorangeschritten). Und er durchschaut das Beziehungsgeflecht wirksamer Erdkraftlinien im Fünfseenland.

Der Leitspruch der Guglmänner lautet: »Es war Mord«. Dennoch: Der König … lebt! Hier an der Votivkapelle passiert Seltsames mit dem Suchenden. Der zugleich packende als auch unheimliche Bau bedeutet einen wahren Gralstempel am Ostufer des Würmsees, hoch über der Todesstelle. Da lockt die Suche nach dem Geheimnis stets aufs Neue. Zumeist steht das schwere, eisenbeschlagene Tor der Votivkapelle geöffnet und Sie können weit genug in den Raum mit der magischen Rundkuppel treten. Lassen Sie den königsblauen Nazarener-Himmel auf sich wirken – und erleben Sie mit Körper und Seele zugleich die magische Kirche des schweigenden Verlangens.

Wohl genau hier geschah der Mord …

Guglmänner? Ein Bund, dessen Wirken spürbar, dessen mehr als martialisches Auftreten jedoch okkult und gruselig ist und bleibt. Ein echter Geheimbund eben, dessen Einfluss bis heute überall in Bayern unsichtbar nachwirkt. Die Optik lässt Erschauern. Spitze schwarze Hauben mit Sehschlitzen. Wer solche Kleidung trägt, hat immer mit dem Tod zu tun. Oder mit Wissen und Macht, die nicht personalisiert werden wollen. Der zu diesem Szenario gehörende Ort zum Hingehen und Staunen: die Fürstengruft der Michaelskirche in München. Hier liegt der so sagenumwobene, von lebendigen Mythen umrankte Märchenkönig – oder eben nicht. Gerüchte wissen von einem geheimen Fortbringen … Sie spüren es, an jedem Ort, der mit Ludwig II. zu tun hat.

CHARAKTERISTIK Eine Wanderung mitten hinein ins königliche Geheimnis. War es Mord? Und warum? Geschichte wird hier zum zupackenden Erlebnis, denn alles war »ganz anders«. Fake News gibt es nicht erst seit unseren Tagen.

START- UND ENDPUNKT Dampfersteg Berg am Starnberger See.

VERLAUF Vom Dampfersteg zum Lidl-Haus mit der Gedenktafel der Guglmänner, dann durch den Zauberwald des königlichen Schlossparks zur Votivkapelle. Und wieder zurück.

EINKEHR Legendär und legendär gut: oben im Ort Berg das Oskar-Maria-Graf-Stüberl.

GEHZEIT 2 bis 3 Stunden.

AUSRÜSTUNG Wanderkleidung, der Jahreszeit und dem Wetter angepasst.

Wem schwant hier Böses?

Sie haben die Todesstelle am Starnberger See auf sich wirken lassen? Dann erst sollten Sie das Märchenschloss Neuschwanstein und mehr noch die furchteinflößende Pöllatschlucht aufsuchen. Denn der Abgrund ist dem Schönheitswahn des visionären Märchenmonarchen stets einbeschrieben! Jenes weltberühmte Märchenschloss Neuschwanstein, Kristallisationspunkt von archetypischen Träumen, kollektiven Sehnsüchten und selbst Walt Disneys Cinderella-Visionen, es steht weithin sichtbar auf erhabenem Felsen. Der fällt in aufregender Weise senkrecht ab und bildet so eine der Begrenzungen der unheimlichen und unheimlich faszinierenden Pöllatschlucht. König Ludwig II. hat sich nicht zuletzt deshalb auch »in das Bewusstsein der Bayern gebaut«, weil er um die Kraft des Ortes und das Zusammenspiel von Materie und innewohnendem Geist wusste!

Sie gehen von der Westfront der Zauberburg – hinter der sich der Thronsaal, ein kosmischer Einstrahlungspunkt, befindet – den gut ausgeschilderten Weg zum naturgewaltigen Seelengrusel. Zunächst wandern Sie die Serpentinen (Schlangen!) aufwärts. Immer bleibt die Schlucht deutlich ausgeschildert. Und zahlreiche warnende Hinweistafeln bereiten Sie vor. Vorsicht! Nur bei guter seelischer Verfassung sollten Sie diesen von wildromantischer Natur gestalteten Weg wagen: Die 90 Meter hohe Brücke zieht immer wieder Menschen an, deren Lebensenergie am Kippen ist. Hier begegnen wir erschauernd einem dunklen Phänomen, das all den Orten einbeschrieben ist, an denen Selbstmorde sich auffällig häufen, ja jährlich zu beklagen sind. Es muss, als Gegenpol zu den aufbauenden magischen Orten und Heilungsstätten, auch Plätze und Kraftfelder geben, die den Lebensnerv ziehen wollen. Eine zupackende Erdenergie, zugleich faszinierend wie auch unheimlich und saugend. Fühlige erkennen dies sofort.

Die Pöllat selbst ist ein mittelgroßer eiskalter Gebirgsbach, der sich oben vom Ort der eisernen Marienbrücke über zahlreiche Wasserfälle den Weg nach unten sucht, ein felsiger Absturzweg bis ins Tal von Hohenschwangau. Schon die Generation Maximilians II. schätzte die wildromantische Gegend zum Wandern. Zur Zeit des Baues von Neuschwanstein ersetzte man die alte Holzkonstruktion der Brücke durch eine atemberaubende freitragende Eisenkonstruktion. Man trieb die Eisenträger hoch über dem jähen Abgrund Stück für Stück voran, ohne stützende Rüstung nach unten hin, nur von beidseitigen Verankerungen im Felsen gehalten. Das eherne Geländer von damals ist noch heute erhalten.

Die ziehende, unheimliche Pöllatschlucht bildet das energetische Gegenstück zum weltberühmten Märchenschloss Neuschwanstein. Ist die Stimmung hier im Umkreis der Zuckerbäckerburg erhebend, Träume vom schönen und so unglücklichen König Ludwig II. generierend, so zeigt sie sich dort als lebensenergiezehrend, mahnend und als seelisches Schwindeligsein. Stehen Sie staunend oben über gischtentfesselten und sich in die Tiefe stürzenden Wassern. Direkt unter der Marienbrücke befindet sich der große Pöllatwasserfall mit über 30 Metern Fallhöhe. Die Aussicht raubt im Wortsinne den Atem, manchmal auch den klaren Verstand. Aber ist es nicht genau dieser Umstand entfesselter Gefühle und dunkler Abgründe der eigenen Seelenlandschaft, der König Ludwig und seine Umgebung so reizvoll macht? Der Abgrund sind wir, und wir erkennen dies nur in Projektionsflächen.

CHARAKTERISTIK Die Wanderung packt Sie an ihrer tiefsten Einstellung sich selbst und dem Leben gegenüber. Nur bei guter seelischer Verfassung hierher wandern!

START- UND ENDPUNKT Neuschwanstein, das Märchenschloss. Von Füssen aus eine halbe Stunde hierher. Ab der sonnenbeschienen Westseite vom Schloss geht's Richtung Schlucht.

VERLAUF Auf und Ab, oft glitschiger Untergrund. Bestes Schuhwerk, griffige Sohlen. Wege nie verlassen. Warnschilder befolgen.

EINKEHR Irgendwo im Allgäu, besser nicht in der Nähe von Neuschwanstein (zu viele Touristen).

GEHZEIT Ca. 2 bis 3 Stunden mit Aufstieg und Abstieg. Zumeist erwandern Sie sich ja auch Neuschwanstein, wenn Sie nicht die Kutsche vom Ort Füssen aus nehmen.

AUSRÜSTUNG Auch im Sommer: feste griffige Schuhe. Nicht nur im T-Shirt hierher.

34 ANDECHS UND SCHATZBERG

MACHT UND ABGRUND AM AMMERSEE

Schwarze Hostien, ein sagenumwitterter Schatz, gar ein Königsgrab? Das alles bietet Andechs. Schriftlos bleibt der Grabstein, nur eine in die dicke Klosterkirchenmauer eingelassene, weiß getünchte Grabplatte in der Kapelle gegenüber dem Kirchentor. Hier also soll der tote Märchenkönig liegen – und nicht mehr in der Fürstengruft der Münchner Michaelskirche? Umgebettet? Wann und warum? Oder ruhte der Charismatiker und Visionär von Anfang an hier im Kloster? Und die monumentale Münchner Beerdigung war nur eine taktische Inszenierung fürs Volk? Nicht nur Verschwörungstheorien deuten in diese Richtung, sondern auch die seriöse neuere Literatur. Und ebenso im Internet finden sich interessante Links, wo der ungebrochenes Interesse weckende Märchenkönig Ludwig II. denn nun wirklich zur letzten Ruhe gebettet sein mag. Ganz zu schweigen vom verborgenen Wissen der geheimnisumwitterten Guglmänner, die vor Jahren ein geheimes Öffnen des Bronzesarges in der Michaelskirche nachgewiesen haben.

Die Exkursion Andechs führt zu interessanten Kraftplätzen im Bereich des Klosters. Dazu gehören die legendäre Klosterapotheke, das dazugehörige Plateau mit dem hinreißenden Blick nach Süden auf die Alpenkette, das barockisierende pralle Innere der Wallfahrtskirche und nicht zuletzt die Mariengrotte auf dem Weg zur Elisabethquelle. Dazu kommt eine dunkle Geheimnisse verbergende Friedhofsmauer. Dann der aufregende Weg Richtung Kienbach-Schlucht und der versteckte, heilende Elisabethbrunnen. Neben der aufwühlenden

Historie von Andechs, die Einbindung in das Kraftlinien-Gitternetz, die geomantische Erklärung historischer Geheimnisse, unsichtbar, aber spürbar: »der Schatz« im eigentlichen Sinne, auch die besondere Lage im Fünfseenland, die unübersehbaren vorchristlichen Wurzeln, wie sie, christlich überlagert, über die Jetzt-Zeit weit hinausreichen. Und dann eben auch dieses dunkle Geheimnis um den Märchenkönig Ludwig II.! Was birgt nur dieser schriftlose Grabstein in der Gnadenkapelle?

Auf dem Weg vom Parkplatz nach Oben stolpert die erwartungsfrohe Kraftort-Gruppe förmlich über ortsgebundene urbayerische Historie: Andechs und Benediktiner. Das Kloster ist seit 1850 Wirtschaftsgut des Mutterklosters Sankt Bonifaz in München. Die ehemalige Burg der Ahnen, noch vor dem Jahre 1000, auf keltischem Kraftgrund. Idee und Wollen des Oben-Seins in jeder Beziehung. Und immer wieder Gewalt. So starben die echten Andechser im Jahre 1248 aus. Das ist der geschichtliche und blutige Beginn der legendären Wittelsbacher-Herrschaftslinie. Kreuzzüge, Templer!

Der legendäre Graf Rasso (880 bis 954) brachte den Grundstock des Schatzes aus dem Heiligen Land. Dann, nach dem Schleifen der Burg, dem Verschwinden des Schatzes, die Legenden tragende Wiederfindung – und damit der Triumphzug der Wallfahrtstradition. Die Gottesmutter, in christlichen Kirchen immer Mutter Erde ersetzend, sie verfolgt den Besucher mit starrem Blick: Wohin? Drei schwarze Hostienwarten in der legendären Schatzkammer. Dunkler Okkultismus in christlicher Gewandung. Am Friedhof vorbei führt der Weg zur geheim gelegenen

Blick vom Heiligen Berg gen Süden

Elisabethbrunnenquelle. Das neugotische Brunnenhaus, dazu die Legende einer starken Frau und Heilerin des Mittelalters. Das Wasser der Heilquelle kommt vom Heiligen Berg, es ergießt sich in den steinernen Kelch und dann genau gen Westen ins Kiental. Paracelsus wusste um die ganz besondere Heilkraft von Quellen an Westhängen! Doch das Pendant zu der heilenden Elisabethquelle liegt auf der anderen Seeseite in Sichtweite: auf dem Schatzberg.

CHARAKTERISTIK Der Spaziergang vom Parkplatz hinauf zur Kirche, Apotheke, dann zum Elisabethbrunnen, ist ein spirituelles Erlebnis, das so gar nichts mit der weltbekannten Bierselig-Kultur des Namens »Andechs« zu tun hat.

START- UND ENDPUNKT Für Autofahrer der breit angelegte Parkplatz, für Wanderfreunde der anspruchsvolle Weg ab Herrsching, das Kiental hoch.

VERLAUF Die Andechstour sollte am Parkplatz oder auf dem Plateau beginnen. Einkehr bitte erst später, Bier tötet die spirituelle Empfänglichkeit.

EINKEHR Für Traditionalisten das Bräustüberl, kulinarisch anspruchsvoller das Lokal Andechser auf Höhe des unteren Biergartens. Hier übrigens ein legendärer Steckerlfisch mit 24 Kräutern!

GEHZEIT Einige hundert Höhenmeter beim Brunnenbesuch; ca. 2 Stunden mit Stehenbleiben. Wanderung ab Parkplatz in jeder Richtung möglich, naher Kreuzweg.

AUSRÜSTUNG Zumindest feste Turnschuhe. Besser leichte Bergschuhe. Beim Brunnen geht's steil das Kiental hinab. Vorsicht!

Ein Schatz? Den gibt es fürwahr zu finden auf dem Schatzberg. Wo? Im eigenen Kopf. Von Herrsching aus, immer sehen Sie den hellen Turm gegenüber! Das Marienmünster Mariä Himmelfahrt im gegenüberliegenden Dießen mit seinem typisch dominierenden hellen Turm. Links daneben eine harmonische, sanft geschwungene Erhebung: der legendäre, sagenumwobene Schatzberg. Übrigens birgt das Dießener Münster den berühmten Dießener Heiligenhimmel, ein Who-is-who der großen spirituellen Geister, all der Heiligen, Klostergründer und -gründerinnen des Hohen Mittelalters.

Schatzberg. Der Name sagt alles. Soll doch der wahre Andechser Schatz hier liegen. Und bei längerem Nachdenken – so ist es auch. Die Führung beginnt immer auf dem Parkplatz vor der Schatzbergalm. Dann geht es (man sollte schon wissen wo, an der östlichen Seite des Gebäudes vorbei) in den gesunden und dicht bewachsenen Wunderwald mit den hohen Buchen, die ein angenehmes mystisches Streulicht gewähren. Schatz? Da soll also einer der Dießener oder Andechs-Meraner Grafen einen opulenten Goldschatz vergraben haben. Oder war es der große Unbekannte aus den Reihen der zurückgekehrten Kreuzzugsritter? Ein

Marienmünster Dießen: Magie und Abgrund

Templer gar? Wo mag er nur liegen, der Schatz? Lassen Sie sich von dem mystischen Zauber der gesamten Umgebung packen.

Der Weg führt immer irgendwie nach oben. An Quellen, Altholz und interessanten Naturerscheinungen vorbei geleitet Sie der Zauberpfad zur Mechthildisquelle. Achten Sie auf den heilenden Namen: Mecht-Hild = Wunsch-Hold. Ein Wunschholdbrunnen! Hier am magischen Ort entfaltet sich das Wissen um Erdkraft, um weibliche Gottheiten, um die allerorts gegenwärtigen drei Bethen, um die Kraft von Wasser und dessen Weltengeheimnis. Der Ort saugt Sie ein, in das Ur-Wissen der Heilung, Ahnung um die Ur-Kraft der Erde. Das alles an einer sehr weiblichen und wunderwirksamen Quellstelle. Nicht vergessen, ein Quell ist ein Ort des frischen Beginns, des Ursprungs und Aufkeimens. Wundern Sie sich nicht, wenn hier vollkommen neue Gedanken Sie beflügeln.

Dann geht's weiter zur Kapelle und zum keltischen Ringwall ganz oben. Die Stimmung wechselt schnell hin zum Unerklärbaren, gar Unheimlichen! Oben die Reste der alten Burg, einem Mauerrest der alten Burg. Der sagenumwobenen »schönen Burg«. Eine Tafel an der verwitterten Restruine gibt Hinweis. Die Jahreszahl 1158 ist für Münchner leicht zu merken, handelt es sich doch um das vermeintliche Gründungsjahr der Isarmetropole. Immerzu spüren Sie etwas Dunkles, Dräuendes, ein Geheimnis eben: das wahre, das (Schatz-)Geheimnis der Andechser Herrscherlinie. Was Sie hier so aufwühlt, ist die geistige Telekommunikation im Dreieck Andechs-Dießen-Sankt Ottilien. Und der Schatz? Den gibt es … im Kopf. Auf einer zweiten Erhebung, etwas südöstlich des magischen Ringwalles, finden Sie geheimnisvolle Höhleneingänge in dem groben, romantischen Nagelfluh-Gestein des Schatzberges. Alte Sagen wissen hier von den legendären drei Bethen. Eine Wahrheit steckt in jeder Sage. Sie, der Besucher, sind hier tatsächlich in einem Zwischenreich. Suchen und entdecken müssen Sie selbst.

Ein Andechser »Sender« mit Energiewolke

CHARAKTERISTIK Eine seltsame Mischung aus Heilung bei der Quelle und dunklen Machtenergien bei den Burgresten.

START- UND ENDPUNKT Gut ausgeschildert ab Dießen, nach dem Ortsende, von Norden (Schondorf) kommend, rechts hoch.

VERLAUF Ab der Alm immer irgendwie nach oben. An interessanten Naturerscheinungen und herrlichem Baumbestand vorbei, so geleitet Sie der Zauberpfad zur heilenden Mechthildisquelle.

EINKEHR Schatzbergalm. Im Sommer herrlicher Freigarten, Terrassen. Legendärer Schweinsbraten.

GEHZEIT Ca. 3 Stunden mit Stehenbleiben. Es geht ein wenig aufwärts, aber kein Bergsteigen. Eher ein kurviges Auf und Ab.

AUSRÜSTUNG Besser leichte Bergschuhe. Gegebenenfalls einen Regenschirm.

35 HINTERKAIFECK

DUNKLE BRUTALITÄT AN EINEM ORT DES GRAUENS

Auf einem Einödhof wurden sechs Menschen bestialisch erschlagen. Aufgeklärt wurde die entsetzliche Untat nie … Hier bleibt alles, damals wie heute, entsetzlich und grausam, gruselig und unaufklärbar. Dennoch ist die Mordtat lebendig: abgründige Fantasien beflügelnd, schwarze Gerüchte, dunkle Erzählungen, Gruselromane fördernd. Hinterkaifeck und Jack the Ripper, Bram Stokers Dracula und Edgar Allan Poe: Der Abgrund ruft den Abgrund hervor. Und lockt Schreibende und Fabulierende. Sogar die weiterführende Internetseite, die sich besonders um sachliche Aufklärung bemüht und ein Höchstmaß an trockenen Fakten, alten Akten und peniblem Archivwissen bereithält, beginnt, wohl unbewusst, so wie ein Märchen anfängt: »Irgendwann, an einem Abend …«

Der Abend war der 31. März 1922. Auf einem Einödhof wurden sechs Menschen bestialisch erschlagen. Aufgeklärt wurde die Untat nie. Irgendwann! Das klingt fast wie: »Es war einmal …« Hinterkaifeck ist – das wird selten so gesehen – auf seine ganz spezifische Art ein Negativmärchen. Das wohl nie Entschlüsselbare

Das Mordwerkzeug

Wo einst der
Einödhof stand …

und unfassbar Brutale, es zelebriert was? Dieses leider unausrottbare Phänomen der menschlichen Bosheit und Verrohung wird immer wieder nachinszeniert in Fact and Fiction, wie ein Hochamt der verdrehten Sinne. Gerade das so extrem abgelegene Hinterkaifeck mit der heute schwer lokalisierbaren Örtlichkeit des Geschehens, eigentlich so abgelegen wie die Jahreszahl vor der großen Teufelsdämmerung in Deutschland … Warum nur solch Dauerinteresse am dunklen Abgrund der Seele?

Das alles geschah – in sonderbar mysteriöser Weise und bis heute undurchleuchtbar – auf dem jetzt nicht mehr existierenden Einödhof, 500 Meter südwestlich vom Dorf Gröbern. Das liegt im heutigen Gemeindegebiet von Waidhofen, etwa sechs Kilometer von Schrobenhausen entfernt. Tatwerkzeug war damals eine sogenannte Reuthaue. So einsam, unheimlich, arm und armselig das alles ist, was mit Ort und Tat und Tatgeist zusammenhängt: Der Mythos wucherte von Anfang an wie eine Schlingpflanze. Schon damals gab es Gaffer und Hinzueilende, die Zeitungen sprechen von zahllosen Schaulustigen, die sich gleich nach der Tat eingefunden hätten. Von einer regelrechten Hinterkaifeck-Hysterie wird da berichtet. Vielleicht kann man feststellen, dass jenes bizarre Tourismus- und Wohlstandsphänomen, das wir heute als Dark Tourism kennen, hier seinen dunklen Anfang nahm? Schlagworte wie »Ritualmord«, »kultisches Töten«, »Teufelsaustreibung«, »Besessenheit«, auch »Dämonologie«, sie sind bei dem Fall nicht zu weit hergeholt. Denn alles, was mit Hinterkaifeck zu tun hat – der unerklärliche Kultstatus des entsetzlichen Un-Ortes und der bizarren Taten –, alles entzieht sich jeder rationalen Erklärung. Wer die Umgegend absucht, hat stets das Gefühl: nicht nur planlose Gewalt, sondern ritualisierte Lust am Bösen: »Jeder fünfte Mord ist in Wirklichkeit ein Ritualmord (…). Nur selten liegen die Motive der Täter in der eigenen Persönlichkeit, sie sind gar oft fremdvermittelt.« Das schrieb Pater Frumentius Renner, einer der ehemaligen Exorzisten Bayerns.

CHARAKTERISTIK Bizarrer Dark Tourism. Sowohl Ort als auch die verwischten Fakten liegen so auffallend »abseits«. Und dennoch bleibt etwas lebendig, einbeschrieben in die dunkle Umgegend.

START- UND ENDPUNKT In dem Falle nach eigenem Gutdünken, der wahre Ort ist nicht fixierbar: 500 Meter südwestlich vom Dorf Gröbern, im heutigen Gemeindegebiet von Waidhofen, etwa sechs Kilometer von Schrobenhausen.

VERLAUF Wohin auch immer, der Weg führt in den eigenen Abgrund.

EINKEHR Lieber bis Schrobenhausen, und das zur Spargelzeit.

GEHZEIT Je nachdem.

AUSRÜSTUNG Nach Jahreszeit. Wichtiger ist das seelische Rüstzeug.

36 WUNDERGLOCKE VON REISCHACH

VON GEISTERHAND BEWEGT

Der richtige Ton kennt weder Raum noch Zeit noch Ewigkeit. Schall ist mehr als Schall und Rauch. Im Schall, im Grundbrummen des Seins, öffnet sich oftmals die Ewigkeit. Wenn Sie von München aus über Mühldorf und Neuötting Richtung Eggenfelden/Bad Birnbach fahren, finden Sie den kleinen, eher unscheinbaren Ort Reischach unweit von Neuötting. Da ist vor Jahrhunderten eine kleine, einsame Kapelle gestanden, die heute durch einen neueren Barockbau ersetzt ist, gleich neben der Straße, an dem schmalen Flüsschen. Schon allein der Anblick der kleinen Kapelle im Wiesengrund hebt die Seele. Man spürt instinktiv, hier herrscht heilende und zupackende Erdkraft. Das ist an diesem Ort so besonders, er wirkt auf den ersten Blick eher lieblich als unheimlich.

Aber bei näherer Beschäftigung … Unter dem Altar sprudelt ein heilender Quell wie bei so vielen Kraftortkirchen oder -kapellen. Eine Quelle steht immer für Lebensenergie, aber auch für Klarheit und Reinigung. Oder für Wechsel. Indes! Auch etwas recht Unheimliches liegt genau hier im Umkreis des kleinen Tempels auf der Lauer! Was ist dieses hier am Ort so seltsam Beklemmende: Es gibt da die dunkle Sage um eine Glocke. Da wird bis heute gemunkelt, die Geisterglocke habe immer wieder, ohne auf bestimmte Zeit zu achten, ihren eigenartigen Klang über das Land geschickt. Geister waren es nicht, die diese Glocke bewegt haben, so berichtet die Sage. Aber wer dann?

Das Phänomen ist und bleibt unheimlich. Und die Sage weiß weiter von

Ein Dorf mit unheimlichem Klang

bitterbösen Mordbrennern, die dereinst genau dort einen Pilger überfielen und halb totprügelten. »Maria hilf!« Mehr konnte der Arme nicht mehr denken, geschweige denn rufen. Die gottlosen Finsterlinge damals hielten ihr regungsloses, im Schlamm liegendes Opfer für endgültig erledigt, raubten es aus und zogen ab. Doch der Scheintote erwachte aus dem Jenseitsschlaf samt hellen Lichtvisionen, die seine Sinne umgaben. Er durchlebte eine Nahtoderfahrung und eine Grenzüberschreitung zur Anderswelt. Aus tiefer Dankbarkeit über seine Errettung stiftete er dann ein Holzkapellchen, den Vorgängerbau des heutigen weiß-gelben Kirchleins am Bach im Wiesengrund.

Oben im Zwiebelturm hängt jene Wunderglocke, die immer dann läutet, wenn ihr danach ist. Klang hat Macht. Am Anfang war das Wort, oder eben der Klang. Alles schwingt auf dieser Welt, in diesem Kosmos. Auch das, was wir nicht erklären können. Eigenschwingung des Unheimlichen. Eine Erklärung? Vielleicht ist es das Strahlungsfeld, die heilende Schwingung des unweiten Altötting? Kein Sterblicher kann sagen, wer die helle, aber unheimliche Zauberglocke erklingen lässt. Ein Geheimnis wird es bleiben. Es ist bekannt, dass Glocken im Mittelalter, im Zeitalter des Glaubens also, eine überaus große Verehrung erfuhren. Die Glocke war nicht nur Mittel zum Zweck, nicht nur bestimmt, zu läuten und die Stunden anzusagen oder zum Gebet zu rufen. Die Glocke hatte ein Eigenleben, manchmal holte sie sogar müßige Kirchengang-Verweigerer persönlich ab. Und wenn, wie in Reischach, eine Glocke nach eigenem Gutdünken erklingt, dann hat das einen Grund.

CHARAKTERISTIK Einer der üblichen Kirchenstopps mit dem interessierten Wunsch: »Das will ich besichtigen.« Inmitten lieblicher Natur und beim Klang eines Bächleins wird dann dem Besucher bewusst: Das Unheimliche liegt in der Luft, bleibt aber unsichtbar.

START- UND ENDPUNKT Reischach. Leicht erkennbare Kapelle neben einem Bach und einer kleinen Brücke. Von Neuötting kommend Richtung Eggenfelden, links von der Straße.

VERLAUF Eine Kapellenbesichtigung mit staunendem Verweilen. Den Bach entlang gibt es Spaziermöglichkeiten.

EINKEHR Reischacher Hof in unmittelbarer Nähe.

GEHZEIT Fällt nicht ins Gewicht. Ich war aber lange dort.

AUSRÜSTUNG Keine besondere. Turnschuhe, Wanderschuhe.

Region III

ALLGÄU UND SCHWABEN

37 HEILIGSTES HERZ IN AUGSBURG

MIT MAGIE DURCH DEN BOMBENKRIEG

Verzweifelte Körpersprache! Eva rauft sich die Haare, wissend, was gerade passiert ist. Schuld. Ein Mensch hat etwas falsch gemacht – weil er halt ein Mensch ist. Was wären das öffentliche Leben und die politische Argumentation ohne Schuldzuweisung und Angst, sei es im Mittelalter oder in der Neuzeit. Solche Gedanken kommen hier hoch im Betrachter, ist es doch in der Kunstgeschichte die schöne Paradies-Eva, wie sie den Apfel anbietet, zumeist als attraktive und sehenswerte Verführerin. Schuld? Später bleibt noch genug Zeit für Reue.

Die Augsburger Kirche Heiligstes Herz Jesu im Stadtteil Pfersee ist eines der Jugendstil-Juwelen Deutschlands. Mit dem typischen hoch aufragenden Turm bildet die Herz-Jesu-Kirche den Mittelpunkt des westlichen Augsburger Stadtgebiets. Der bannende Tempel des Geistes gehört zu den wenigen im Bombenkrieg verschonten Gotteshäusern. Übrigens war auch der Synagoge in der Fuggerstadt dies Glück des Überstehens beschieden.

In der Kirche Heiligstes Herz finden sich, links neben der Apsis, die in symbolschwerer Jahrhundertwende-Ästhetik warmes Gold, Violett, Oliv und Weiß wirken lässt, Eva und die Schlange. Eva, das Weib, dargestellt nicht vor, sondern nach dem sogenannten Sündenfall. Eva »nachher« ist immer schuldig, Eva »vorher« dagegen urweiblich-verführend. Das ist hier Absicht: Eva unrettbar. Verzweifelte Körpersprache, die langen Haare sich raufend. Schuldig, sich ihrer vermeintlichen Fehlleistung bewusst. Viel schwäbischer, tödlicher

Ernst regiert diese mahnende Darstellung. Das Bild ist eine sichtbare Aburteilung und Bestrafung allzu menschlichen Verhaltens. Man spürt den unerbittlichen Rauswurf-Schwertengel Michael direkt hinter ihr. Was ist so schlimm an Neugierde? Gäbe es sonst Wissenschaft, Forschung? Nun gut, Gottes Gebot: Übertreten bleibt übertreten.

1910 die Einweihung, keine Kriegszerstörungen, bis auf die Fenster, die der Druckwelle nicht standhielten. Nur diese herrlichen farbigen Glasfenster waren zerstört – volle drei Tage lang hatte das Bombardement gedauert. Die Prachtfenster sind in der Nachkriegszeit ersetzt worden, nun leuchten sie wie vorher. Mit Glasfenstern in Kirchen ist es wie mit Menschen: Man muss hineingehen, von innen heraus die Herrlichkeit schauen. Von außen betrachtet, sind die Farben taub. Auch Menschen nicht nur äußerlich anschauen!

Alte Augsburger berichten, man hätte zur Kriegszeit die Türpfosten dieser Kirche bestrichen, so wie im Alten Testament die Israeliten Türpfosten bestrichen – damit der Racheengel vorübergehe! Und er ging vorbei.

Betrachten Sie nochmals das Bild links neben der Apsis: Eva, die Schlange, Adam eher passives Opfer. Das Reptil ist hier ein

Augsburger Jugendstilkirche im Entwurf

Bald ist Richtfest!

ekelhafter, sich windender Fallstrick, der die Beine der Verzweifelten böswillig knotend umschlingt! Magisch verknotet, nicht abzuschütteln ... sehr viel Jugendstil-Ästhetik, ambivalent, faszinierend, bannend – und zugleich recht unheimlich.

Der Architekt Michael Kurz im Jahre 1910 war Visionär! Bewusst entwickelte er traditionelle Formen durch Elemente von Sezession und Jugendstil weiter und schuf so ein künstlerisch wie auch theologisch höchst erstaunliches Gesamtkonzept. Fachleute meinen, er hätte mit Hintersinn im Arbeiterviertel Pfersee die katholische Herz-Jesu-Frömmigkeit als bildreiche Speerspitze gegen den damals aufstrebenden Sozialismus inszeniert.

CHARAKTERISTIK Ein klassischer Kirchenbesuch? Nicht nur. Sie tauchen ein in die okkulte Ästhetik von Jugendstil und Symbolismus, fühlen sich zeitweilig wie in der Münchner Villa Stuck. Gut zu verbinden mit einer Augsburg-Besichtigung: Turamichele, Maria Knotenlöserin, Goldener Saal, Gruft Ulrich und Afra etc.

START- UND ENDPUNKT Vor dem Kirchenportal Heiligstes Herz Jesu, Stadtteil Pfersee.

VERLAUF Ein ausgiebiger Rundgang in der Kirche mit Staunen über Sinn und Doppelsinn der Jugendstil-Figuren.

EINKEHR In Augsburgs Altstadt zahllose gute Lokale. Hier in unmittelbarer Nähe ebenso.

GEHZEIT Fällt nicht ins Gewicht.

AUSRÜSTUNG Respektvoll, Kirchenbesuch.

38 ALATSEE BEI FÜSSEN

TAUCHVERBOT UND EIN TRICHTER INS UNENDLICHE NICHTS

Todesgefahr! »Tauchen ist hier streng verboten!« Das künden mehrere Hinweistafeln. Ortsansässige warnen mit großem Ernst vor den realen Gefahren. Der magische Alatsee, etwa 10 Kilometer westlich von Füssen gelegen, hat nach unten hin die Form eines immer enger werdenden Trichters – eines Konus, der (so berichtet uns die Sage) unendlich weit Richtung Erdmittelpunkt gehen soll und der zugleich mit den Weltmeeren in unterirdischer Verbindung steht. Der magische See liegt in einer schluchtartigen Senke nur etwa 80 Meter nördlich des Falkensteinkammes.

Sie spüren die Urkraft des Ortes und des magischen Weltentrichters sofort, wenn Sie am Ufer stehen. Kontrolliertes Tauchen des Militärs wird streng abgeschirmt und bleibt geheim. Es gibt und gab immer wieder Menschenopfer und man raunt rundum von einem versenkten Schatz aus der NS-Zeit, von einem schwarzmagischen Fluch gar … Das Wasser ist tiefgrün und klar. Man kann mit bloßen Augen sehen, wie unmittelbar nach den hellen Uferkieseln der Boden sich nach unten hin öffnet, abstürzt ins Nichts – und bald in ein böses Schwarz übergeht. Die leuchtenden Uferkiesel bilden den magischen Kreis am Rand, der smaragdgrüne, dann dunkelgrüne, jedes Licht schluckende Schlund, all dies regt Albtraumfantasien an. Und auch einen bekannten Allgäu-Krimi (*Seegrund* mit Kommissar Kluftinger).

Das kalte Wasser birgt ein Geheimnis, an das keiner herankommt. Es heißt, die Nationalsozialisten hätten hier fragwürdige Experimente unternommen. Welche? All die Fragen finden keine Antworten, jedenfalls

Zauberblick zum Zauberberg

nicht für die Öffentlichkeit. Viele Taucher sind nie wiedergekommen, man schreibt es giftigen Schwefelquellen zu. Die Sage bleibt ebenfalls unheimlich: Drei Frauen (die drei Bethen?) sollen mit Lockrufen drei wackere Ritter in die verderbende Tiefe gelockt haben. Die Ritter blieben unten. Bis heute sind verzweifelte Schreie der Verdammten zu hören. Auch Wanderer wurden schon gelockt – und blieben für immer verschollen.

Wahr ist: Der unheimliche Trichtersee soll durch unterirdische Gänge mit der nahen Burgruine Falkenstein (Ludwig des II. letztes, nicht mehr realisiertes Projekt, dort, wo heute noch die Mauerreste der mittelalterlichen Burg Falkenstein zu begehen sind) verbunden sein. Mit einem grantigen Wächter der Pforte am Eingang.

Falkenstein, ein unheimlicher Burgruinenort, den Sie aufsuchen sollten, wenn Sie schon hier im Bannkreis der wichtigen Ludwig-Schlösser sind. Die hoch oben gelegene Zauberburg (der Bau wurde nie begonnen) hätte Neuschwanstein noch übertreffen sollen. Jedenfalls den Plänen nach. Ab 1884 entstand die Fahrstraße, es wurde eine Wasserleitung installiert, doch dann erschien in der Münchner Residenz die Schwarze Frau, die gefürchtete Todesbotin der Wittelsbacher. Der Märchenkönig starb – wie auch immer – im flachen Wasser des Starnberger Sees in der Nähe des Ortes Berg. Denken Sie über all dies nach. Über den unterirdischen, also den unsichtbaren Zusammenhang der Schicksalsfäden, nicht nur der Wittelsbacher Herrscher. Am besten auf der energetisch so vibrierenden Dreieckswiese, die auf der dem Alatsee-Gasthof gegenüber liegenden Seeseite lockt.

CHARAKTERISTIK Typischer Kraftort-Trip für Enthusiasten, ein gut umrundbarer Trichtersee mit vielen Plätzen zum Verweilen und Staunen. Spürbares Geheimnis überall.

START- UND ENDPUNKT Die unübersehbare Uferwirtschaft mit herrlicher Terrasse.

VERLAUF Uferweg. Keine Besonderheiten. Lieber nicht baden ...

EINKEHR Uferwirtschaft, Biergarten. Manchmal erfährt man etwas über das Geheimnis, wenn man Glück hat und den Richtigen erwischt.

GEHZEIT Um den See herum ca. 1 Stunde. Es empfiehlt sich vorher, lange vor dem See, an der Anfahrtsstraße zu parken. Dann ca. 15 Minuten bis zum See.

AUSRÜSTUNG Im Sommer darf's luftig sein mit Turnschuhen. Je nach Wetter.

Umseitig: Ein Geheimnis, unsichtbar im blauen Abgrund des Alatsees!

39 JUDENKIRCHE BEI OBERSTDORF

OKKULTER DOM, VON DER NATUR GEBAUT

Schneller als ein Frauengedanke soll der Teufel sein? Wo wird so etwas behauptet? Und dann ein Ort, dessen alteingesessener Name »Judenkirche« auf dunkle und böse Sagen und Mären hinweist? Sowohl Lage als auch Sage machen den Ort faszinierend und unheimlich zugleich. Der von Mutter Natur selbst erbaute Dom, ein Felsendom nämlich, gilt seit über hundert Jahren als Geheimtipp für die Kenner besonderer Kraftplätze. Das beweisen vergilbte alte Ansichtskarten aus Zeiten, in denen noch mit Sütterlinschrift Grüße versandt worden sind.

Zunächst der Weg dorthin: Tiefenbach liegt nördlich von Oberstdorf im Allgäu. Über Immenstadt und Sonthofen führt die Anfahrt, dann geht's hinter Langenwang rechts ab, immer der klaren und reißenden Breitach aufwärts bis Tiefenbach folgen. Weiter oben in felsiger Höhe gestaltet der Fluss die wildromantische Breitach-Klamm. Ab Tiefenbach zu Fuß bis zu der abgelegenen und immer gut sichtbaren spätgotischen Pfarrkirche, sie ist der Heiligen Barbara geweiht und 1458 erbaut. Interessant: bereits hier eine Teufelssage: Der Teufel sei »schneller als ein Frauengedanke … gewesen«!

Gleich hinter dem Friedhof wenden wir uns nach links, Richtung Norden, dem hölzernen Wegweiser »Zur Judenkirche« folgend. Der Aufstieg lässt ahnen, dass uns bald Geheimnisvolles erwartet. Zunächst eine der ältesten bekannten Höhlen aus der Höhlen-Steinzeit. Das unter uns liegende Tiefenbach war dereinst ein tiefer See, die Höhle befand sich am damaligen Ufer.

Portal in eine andere Dimension

Verweilen Sie im Halbdunkel der Naturgrotte, diese ist zugleich bergend als auch angsteinflößend. Nun geht es stetig aufwärts, hinweg über Wurzeln und abgeschliffene Felsen, entlang einer drohenden, hunderte Meter steil aufragenden Felswand aus Granit, glatt gewaschen von der Witterung der Jahrhunderte. Jetzt gelangen wir über einen schmalen Grat hinein in den kreisförmigen Kultplatz: ein von der Natur ohne die Mithilfe von menschlichen Architekten gestaltetes Rund aus Felsen, einer Arena ähnlich.

Die Judenkirche ist wie von einem kühn denkenden Baumeister konzipiert, einem Meister, der wohl nicht von dieser Welt ist. Das ist ein packender Naturdom mit gigantischer, die Seele schwindelig machender sowie linksdrehender Eigenschwingung. An der Westseite formt der Fels sich zu einem kühn gestalteten, haushohen Rundportal, das den Blick auf die Welt unten öffnet. Der Wanderer bestaunt ein durch Naturkräfte und Witterungseinflüsse aus Jahrhunderten geschaffenes Wunder eines lang gezogenen romanischen Rundbogens. Mitreißender Zauber des steinernen Triumphbogens, der den Ernst und die Würde des sakralen Platzes ausdrückt. An den Felsnischen der gegenüber dem Portal liegenden Schattenwand entdecken wir Feuerstellen, Ruß, Kerzenstummel, auch Inschriften mit Runenzeichen und Reste von Ritualen. Kultstätte. Kein Zweifel, dieser magische Ort ist seiner packenden Optik und der Erdkraft wegen eine gern genutzte Kultstätte. Nachforschungen ergeben tatsächlich: Der hoch okkulte Ort ist in einschlägigen Kreisen bekannt. Der Name »Judenkirche« deutet auf dunkle und inhaltlich unschöne Sagen, Gerüchte, bizarre Mutmaßungen und sehr reale Geschehnisse verschwörungstheoretischer Art hin. So ist es auch. Einheimische schweigen oder erzählen nur mit vorgehaltener Hand.

CHARAKTERISTIK Kraftort-Trip der gehobenen Art. Wer einmal hier war, denkt anders und kommt wieder, egal wann. Denn der Durchblick durch den felsenen Naturbogen öffnet die innere Sichtweise auf die Welt.

START- UND ENDPUNKT Pfarrkirche Sankt Barbara von Tiefenbach.

VERLAUF Von der Kirche aus wie beschrieben. Teilweise überraschender Anstieg. Feste Schuhe, Turnschuhe genügen nicht.

EINKEHR In Tiefenbach und Umgebung die berühmte schwäbische Küche.

GEHZEIT Ca. 2 bis 3 Stunden.

AUSRÜSTUNG Im Sommer darf's luftig sein. Mindestens Wanderschuhe. Besser leichte Bergschuhe, es kann auf Teilen des Weges rutschig sein.

40 LORETOKAPELLE BEI AUERBERG

HEXENTANZPLATZ, GALGENBERG UND ZEITENTUNNEL

Stellen Sie sich vor, Sie stehen hier oben auf der Anhöhe, blicken versonnen über die weit geschwungenen Hügel der Landschaft im Allgäu – doch da! Eine Hexe reitet an Ihnen vorbei, entweder auf dem Besen oder einem Bock. Der Ort ist es, der solche Geschehnisse zwischen Wirklichkeit und Irrsinn erlebbar werden lässt. Schön und unheimlich liegen gar oft eng beieinander. Eine Hinweistafel informiert, dass auf dem Geltnachstein eine alte Gerichtsstätte des Keltengaues Kreen liegt.

Aber erst einmal den magischen Ort finden: Nicht umsonst wird das Allgäu »Bayerisches Tibet« genannt. Auf der Autobahn von München aus Richtung Lindau. Zeitig die B12 erwischen. In der Nähe der Abfahrt Marktoberdorf findet sich, unter der Schnellstraße hindurch, der Weg in Nähe des Kulthügels. Den Rest vom selbst gewählten Parkplatz aus zu Fuß erledigen, oben winkt und lockt auf sichtbarem Keltenhügel die Loretokapelle.

Der Rundblick ist zu jeder Jahreszeit fantastisch! Allgäuer Alpen und Auerberg im Südosten, hier oben die weiße Kapelle und, extrem spürbar, ein ausgewiesener Thing-Platz. Natürlich ist ein Tag mit dem berühmten bayerischen Föhn und dem damit verbundenen Föhnblick besonders geeignet, das Auge und die Fantasie kühn fliegen zu lassen.

Der Kapellenberg befindet sich zudem auf dem sogenannten »Sagenweg«, denn nicht umsonst haben dunkle Ereignisse der Vergangenheit hier oben dunkle Gruselsagen generiert. Auf einer Tafel ist die Mär von einem Ehemann nachzulesen, der allerdings mit einer Hexe verheiratet war: Warum auch nicht. Das war durchaus keine schlechte Ehefrau, aber eben eine sehr eigenständige. Und Hexen haben ihre festen Termine im Jahreskalender. So musste sie, wahrscheinlich war gerade wieder die Walpurgisnacht angesagt, mit dem Besenstiel als Transportmittel auf Reisen zum großen Hexentanz. Er ihr nach! Neugierig schaut er dem wilden Tanzen zu. Dann urplötzlich ist Schluss, er findet sich auf einem verlassenen gruseligen Friedhof wieder und braucht zwei Jahre, bis er heimfindet. Die wilde und surreale Geschichte zeigt aber, dass hier auf dem Hügel und auch außen herum ein Raum-Zeit-Tunnel besteht. Man verliert schnell den Überblick über Raum und Zeit und ist dann ganz schnell woanders. Verhext eben.

Die Gerichtsstätte, der Geltnachstein ist die alte Thing-Stätte des Keltengaues

Faszination Berge: Blick auf die Allgäuer Alpen

Kreen. Der kleine Ort findet sich am Ostabhang des Höhenweges, damals Platz der Männer mit Gewicht, deren oft tödlicher Richtspruch etwas gilt oder galt (gelten, daher die Bezeichnung vom Geltnachstein). Die Geister der Verurteilten indes bleiben bis heute spürbar auf der Lauer. Denn auch das Hochgericht, also der Galgen, stand hier weithin sichtbar. Nachforschungen über Sagen und Mären im Allgäu ergeben, dass hier in dieser Gegend auffallend viele Hexensagen zu finden sind. Zumeist kommt da eine Zauberfrau auf dem Besen oder dem Bock angeritten, tut dann seltsame Dinge, die Vorkommnisse gehen aber in der Regel gut aus. Nicht weit von hier muss es einen Hexenturm gegeben haben, doch Näheres ist nicht bekannt, der frei stehende Burgturm war wohl eher Behausung für Zauberfrauen denn Gefängnis. Seien Sie auf der Hut, wenn Sie ein Mann sind und Sie hier oben eine Frau anspricht.

CHARAKTERISTIK Herrliches Naturerlebnis, Weitblick, Überblick, Fernblick. Und schon wachsen der Fantasie Flügel. Die Mären, Sagen und Historien dieses Ortes werden plötzlich lebendige Wirklichkeit.

START- UND ENDPUNKT Kein fester Parkplatz vorhanden. Man unterquert die Schnellstraße, sucht einen Platz für das Auto, geht dann ca. 20 Minuten das Bergerl hoch. Steile Holztreppen.

VERLAUF Nach oben, verweilen, Thing-Platz bestaunen. Bei schönem Wetter Holzbank an der Südseite der Kapelle – ein Traum.

EINKEHR Nichts in direkter Nähe. Ein magischer Brotzeitplatz. Viele gute Möglichkeiten im nahen Marktoberdorf.

GEHZEIT Ca. 1 bis 2 Stunden, mit Verweilen.

AUSRÜSTUNG Keine besondere. Aber mindestens Turnschuhe.

41 MAGISCHER GRÜNTEN

DUNKLE ENERGIEWOLKE, GOLDADER UND TOTENTEMPEL MIT GRABERDE

Eine schwarzgraue Wolke über dem Kopf des Bergsteigers, die vom Elektrosmog der Sendeanlagen herrührt. Und dunkle elektrodynamische Gedankenfelder, die der Einheitsjournalismus über Land und Köpfe pumpt! Sogenannte Nachrichten, die von kollektiver Schuld handeln, die Seuchen, Klimakatastrophen, alle Arten von Ängsten schüren, damit die Menschen in eine gewollte und vorbestimmte Richtung laufen.

Zunächst heißt es etwa zwei Stunden bergsteigen, um unter dem 90 Meter hohen Sendemast auf dem Gipfel des Grünten zu stehen und die berauschende Aussicht auf dem Wächter des Allgäus zu genießen. Der Blick geht bei klarem Wetter bis zum Bodensee, manche wollen sogar mit einem Fernglas das Ulmer Münster erblickt haben. Und dennoch: Es ist unheimlich hier oben. Das macht nicht zuletzt diese stets dunkle und bedrohliche Wolke, die über dem Gipfel schwebt. Wohl eine elektrostatische Aufladung des stählernen Sendemastes vom Bayerischen Rundfunk – aber eben unheimlich.

Eine Sage weiß von dem legendären Goldbrünnle im Grünten. Man sagt dem

Elektrosmog …

Zauberberg nach, er hätte einen eisernen Hut und ein goldenes Herz: Denn irgendwo dort oben gibt es einen geheimen Eingang durch eine verborgene Felsspalte zu einem versteckten Höhlensystem. Und da, tief drinnen im Berg, fließt ein Goldbrunnen. Man braucht nur ein Auffangbecken darunter zu stellen, um reich zu werden. Nur – an welcher Stelle? Das wussten nur die sogenannten Venedigermännle, die jährlich hier ihren Reichtum vermehrt haben. Venediger, warum gerade die? Dogen von Venedig kannten sich immer schon hervorragend mit Finanzen aus. Wenige wissen, dass auch unser heutiger Umgang mit Geld und das umstrittene Finanzgebaren nicht zuletzt aus der großen Zeit von Venedig und den damaligen machtseligen Dogen – auch eines taktgebenden Machiavelli – stammen. Goldbrunnen, Reichtum: schwäbisch das alles, es geht ums Sach.

200 Meter weiter vom Gipfel mit dem Sendemast steht das sogenannte Jägerdenkmal. Ein magischer Totentempel. Die Architektur ist nicht minder unheimlich. Kreisrund, innen hohl und begehbar, sich nach oben hin verjüngend. Gefertigt aus Steinen von Schlachtfeldern und, wie eine Tafel verrät, mit Erde aus einem Grab aufgeladen. Und so ist es auch. Es wurde tatsächlich Grabeserde ins Mauerwerk eingearbeitet. Wer sich mit schwarzer Magie auskennt: nicht nur unheimlich, dieser Gedanke, sondern gefährlich.

Der Goldschatz im Grünten? Kaum einen Berg »mit Charisma« gibt es, der nicht mit einer unheimlichen Schatzsage ausgestattet wäre. Siehe auch Watzmann, Untersberg, Karlsberg, Burgberg, Schatzberg, Auerberg, Staffelberg, Hohenbogen – alle in diesem Buch. Der Grund liegt darin, dass

... und Einheitsmeinung auf dem Grünten

der Mensch so menschlich ist – und gierig. Und so ist er im Laufe seiner Geschichte immer wieder dem Lockruf des Goldes gefolgt. Kein Wunder also, dass sich ein langer Faden von bilderreichen und symbolträchtigen Mythen und Legenden um das Gold spinnt. Und wer träumt nicht davon, plötzlich und ohne viel Arbeit und Zeit reich zu sein. Nur Philosophen. Sogar Götter sind goldverliebt. Der Wagen des Sonnengottes Helios besteht ebenso aus Gold wie die Pfeile des Eros, das Sinnbild der Liebe. Liebe lässt sich eben auch gerne vergolden.

CHARAKTERISTIK Bergsteigen ohne besonderen Schwierigkeitsgrad. Aber man kommt schön ins Schwitzen. Oben Traumaussicht, schwarze Energiefelder, krude Goldschatzfantasien. Die Seele bekommt Flügel. Doch wohin fliegen?

START- UND ENDPUNKT Ab Rettenberg, Kranzberg oder Burgberg geht's nach oben.

VERLAUF Typische angenehme Bergwanderung ohne Klettern oder Gefahr. Man begegnet sogar Bergjoggern. Nun denn.

EINKEHR Oben eigene Brotzeit dabeihaben, unten das kulinarische Paradies Allgäu entdecken.

GEHZEIT 2 bis 4 Stunden.

AUSRÜSTUNG Ordentliche Bergkleidung, Bergschuhe. Oben auch im Frühjahr oft noch Schnee.

42 GEISTERBURG IN BURGBERG

GRAUENHAFTES GESCHEHEN IM ALLGÄU

Untote Geister der Vergangenheit! Schon die Fahrt auf den Burgberg zu lässt ahnen, dass hier Unheimliches wartet. Bei Stein geht es an der Burgruine Laubenberg-Stein vorbei, die am Anfang des 13. Jahrhunderts von den Augsburger Bischöfen als Schutz für eine Zollbrücke errichtet worden ist. Eine Nachtbeleuchtung mit Lichtführung von unten nach oben produziert bizarre Schattenrisse und lässt ahnen, dass im Umkreis der Mauern das Böse herrschte. Macht und Gewalt. Hier in der landschaftlich herrlichen Allgäu-Gegend präsentieren sich mehrere Kraftorte und unheimliche Stätten in unmittelbarer Nachbarschaft. Denn Burgberg im Allgäu liegt unweit von Sonthofen mit der verrufenen Ordensburg der SS.

Ordensburgen sind echte Lost Places, damals schwarze Denkklöster für den SS-Nachwuchs … die meisten stehen noch und werden auch als »Stein gewordener Größenwahnsinn« bezeichnet. Grauer Beton, riesige Türme, Mauern, Sportanlagen, spartanische Unterkünfte, tiefe Unterkellerungen: In Ordensburgen wollte das Hitler-Regime seine künftige Elite formen. Solche gigantomanen NS-Schulen wie hier in Sonthofen wurden nach dem Krieg von der Öffentlichkeit zumeist abgeschottet. Die bekannteste und weit abstrahlendste Ordensburg ist die berüchtigte Wewelsburg bei Paderborn. Bekannt durch die Schwarze Sonne war die Dreiecksburg ein Lieblingskind von Heinrich Himmler.

Und dieser untote Geist wabert auch hier an manchen Stellen, zieht wie die fetzenhaften Herbstnebel übers Land. Der Ort Burgberg schmiegt sich an den Grünten, den Wächter des Allgäus mit seiner ihn bewachenden dunklen Wolke und dem einbeschriebenen Geheimnis. Und der Alpsee ist auch nicht weit weg.

In Burgberg selbst geht es um den aufgelassenen Friedhof herum zur Ruine der Feste Burgberg. Auf einem der verwitterten Fensterstöcke der ehemaligen Trutzmauer eine Jahreszahl: 1140. Wir wissen: 1119 wurde der Templer-Orden gegründet, wir sind also in der aufgewühlten Zeit, die von einem fanatischen Christusglauben, irrem Machtwillen und mystischem Wahn geprägt wurde – und bis heute nachwirkt. Die gesamte Gegend – und der Burgberg insbesondere – ist von der Sage der »Wilden Männlein von Immenstadt« geprägt. Das waren Erdmännchen, Zwerge, Kobolde, die grundsätzlich nichts Böses wollten, jedoch aus heidnischer Zeit stammten und christliche Symbole und Feste gefürchtet haben, so wie der Teufel das Weihwasser. Um Bergkreuze machten die Gnome einen weiten Bogen, an christlichen Feiertagen ließ sich keiner von denen sehen. Ein Sagenstrang will in ihnen die Vorgänger der von Gerüchten umrankten Venedigermännle erkennen.

Selten erlebt man eine Burgruine, die so viel Ungutes ahnen lässt. Auch die ortsansässigen Nachbarn und Anrainer wissen, dass dies hier eine reine Kampfburg war. Fehde ging von dem Ort aus, Grausamkeit, böse Verwünschungen. Mehrere Recherchen und Besuche auf dem Burgplatz bestätigen dies. Es gab einen geheimen Gang zwischen der Ruine Burgberg und der nahen Ruine Fluhenstein! Die verwitterten Mauern sind wegen des desolaten Zustandes nur noch von außen zu besichtigen. Der Gang führte auf geheimen Pfaden über die Starzlachklamm. Denn ein erster Tunnel endet bei der Klamm, ein zweiter beginnt auf der anderen Seite des wilden Wassers. Anwohner schweigen bis heute. Keiner will wissen, keiner hat erforscht, wozu die Gänge dienten. Auf einer Wiese neben dem Burggang von Burgberg findet ein Marterl sich, das von »Heiliger Mission« erzählt. Ein Hinweis auf Tempelritter?

Hinter der Sichtwelt verbirgt sich ein dunkles Geheimnis.

CHARAKTERISTIK Grusel-Burgtour mit Anregung der historischen Fantasie: Was geschah hier? Warum? Wozu der Geheimgang, der unauffindbar bleibt? Sind die schwarzen Energien der unweiten SS-Ordensburg Sonthofen bis hierher fühlbar?

START- UND ENDPUNKT Burgplatz Burgberg. Bei dem Erdwall. Sollten Sie die SS-Ordensburg Sonthofen aufsuchen, müssen Sie etwas abseits parken. Die Anlage wird auf ihre Weise genutzt, Sie fühlen Beobachtung.

VERLAUF Rundgang auf begrenztem Areal, nicht zu weite Wege, aber Zeit zum Staunen nötig. Mehrere ausgedehnte Wandermöglichkeiten mit dem typischen Allgäucharakter möglich.

EINKEHR Sie sind im Allgäu. In jeder Richtung gute Küche.

GEHZEIT Je nachdem. Der Ort lässt einen jedoch lange nicht los.

AUSRÜSTUNG Nach Jahreszeit. Kaum nennenswerte Steigung zu bewältigen.

43 AUERBERG IM ALLGÄU

EIN BLUTBERG, EINE SINTFLUT UND GOTTES RACHE

Auerberg, Blutberg? Woher kommt so eine düstere Benennung? Sagen geben Auskunft. Wer hoch über dem Land auf dem Auerberg an der Grenze zwischen Schwaben und Oberbayern weilt und die Aussicht weit ins Allgäuer Land hinein genießt, der denkt kaum an die geheimnisvollen und unheimlichen, gar apokalyptischen Sagen, wie sie sich um den magischen Zauberberg ranken. Zahlreiche keltische Zeugnisse wie eine rechteckige Keltenschanze, die den südlichen Gipfelteil krönt, geben genug Zeugnis von Gewalt, Macht und Machtwechsel, wie sie die Vergangenheit dominiert haben. Nur die Vergangenheit? So soll vor 2000 Jahren die keltische Bergfeste Damasia hier den Feinden getrutzt haben. Eine andere Überlieferung weiß: Das Geltnachtal war dereinst ein tiefer See, einem Meer gleich. Nur die Spitze des Auerberges ragte hervor, Überbleibsel der großen Sintflut. Die verbliebenen Menschen, die Geretteten also, wandten sich aber von Gott ab, wieder dem Heidentum zu. Da sei der Gipfel des Berges eingebrochen und die sündhafte Menschheit tief im Inneren der Erde versunken. Viele dunkle Erzählstränge wissen von diesem Versinken in die Urtiefen der Erde.

Manchmal wird der Auerberg in alten Überlieferungen Blutberg genannt. Ein Blutbach, rot und abscheulich aus der Bergerde quellend, soll dort oben entspringen, unheimliche Gänge führen zu Geheimnissen, die kein Mensch je ergründen darf und kann …

Fahren Sie die Serpentinenstraße hoch, schreiten Sie dann von der Wirtschaft genau

Blutberg im Schleierlicht

gegen Süden, passieren das Weidentor, gehen staunend an römischen Wallanlagen vorbei, dann, bei dem keltischen Viereckswall, erschließt sich der weite und das innere Auge öffnende Blick übers Land. Sie werden sehend, haben Visionen, die Fantasie spielt, denn der Ort spricht mit ihnen. Er erzählt von dem steten Wechsel von Macht und Machthabern.

Die Römerwälle, die sich in ostwestlicher Richtung den Hang entlang ziehen und die der Besucher hierherkommend passiert hat, lassen ahnen: Dereinst stritten zwei Ur-Mächte verbissen gegeneinander, genau hier. Kelten, Römer, später christliche Kräfte, wie die das Land dominierende Sankt-Georgs-Kirche hoch oben anzeigt. Ein Heiliger Georg pfählt immer die Drachenkraft genau am Schnittpunkt der geomantischen Drachen- bzw. Erdkraft-Linien. Das Christentum stellt diese Fixierung der Leben spendenden Erdkraft als Kampf dar, als Gewaltakt des männlichen Ritters gegen die Urkraft der Erde, des Weiblichen also.

1055 Meter über dem Meeresspiegel hat sich dereinst immerhin die größte keltische Wehranlage mit 16 000 Mann befunden. Die Kraft der Ahnen ist dem Ort einbeschrieben und die Sagen lassen vermuten: Sie stehen hier strategisch ideal, auch geistig bewahren Sie den Überblick. Aber das Unheimliche steigt hoch, aus all den sagenhaften Abgründen, Klüften, geheimen Höhlen und Gängen. Verliese, die im Inneren des Auerberges die Endzeit erwarten. So hat der Auerberg-Blutberg etwas vom Untersberg im Berchtesgadener Land: Er ist ein Raum-und-Zeiten-Tunnel. Und man spürt genau, hier schläft eine gewaltige Ur-Macht, die Kraft der Ahnen, die sich so lange zurückhalten mussten. Doch dann, wenn die Zeit gekommen ist, geschieht etwas Entsetzliches. Wann ist diese Zeit gekommen? Vieles deutet darauf hin: jetzt.

CHARAKTERISTIK Wanderung (wenn Sie wollen, zu Fuß nach oben, ca. 2 Stunden) ins Dunkel von Sage und Geschichte – und ins eigene Unterbewusste. Der Berg macht sehend, Sie haben Visionen. Der Keltenwall hat die Urkraft der Ahnen einbeschrieben.

START- UND ENDPUNKT Parkplatz vor der Wirtschaft Auerberg. Meist genug Platz. Beliebter Motorradtreff wegen der Serpentinenstrecke.

VERLAUF Wanderung, bei Bedarf Rundwege.

EINKEHR Die Wirtschaft mit herrlicher Aussichtsterrasse ist bekannt für den kultischen Schweinsbraten.

GEHZEIT Ca. 1 bis 2 Stunden. Außer Sie steigen zu Fuß auf, benutzen Rundwege.

AUSRÜSTUNG Leichte Bergkleidung. Achtung, hier oben weht stets ein starker Wind.

44 KRYPTA SANKT ULRICH UND AFRA

ZWEI »LEBENDIGE« HEILIGE IN AUGSBURG

Ein unheimlicher Dauerbrummton in der Krypta. Heilige in Steinsärgen, die zu Ihnen sprechen: Eine Krypta, die Unterkirche also, wird zumeist auch als Grablege genutzt. Der Besuch in so einer Unterwelt sorgt, schon der immanenten Düsternis und des Zwielichtes wegen, zumeist für Beklemmung, auch für Erschauern. Dazu gesellt sich Friedhofsgrusel, doch ebenso innere Einkehr und Besinnung.

Hier im Hallenbogenrund der Augsburger Krypta herrscht ein Dauerbrummton und es scheint manchmal so, als würden die schaurigen Sagen um den Tod der beiden hier Bestatteten wieder zum Leben erwachen. Erst im Jahre 1962 hat man in der Unterkirche des spätgotischen Gotteshauses, das die Altstadt von Augsburg unübersehbar dominiert, den unheimlichen Gruftraum bauen lassen. Der Sage nach war Afra (die Afrikanerin) eine Tochter des Königs von Zypern. Der wurde von Aufständischen ermordet, seine Frau Hilaria floh nach Rom, weihte die Tochter der Liebesgöttin Venus. Das ist eine recht poetische Umschreibung für die eindeutige Berufswahl des ältesten Gewerbes der Welt. Einem Traum folgend, zogen beide ins damals römische Augsburg und errichteten ein Bordell. Ein Bischof auf der Flucht kam vorbei – versehentlich, naja. Seine innigen Gebete in den Räumen der Lust brachten Afra dazu, sich zum Christentum zu bekehren. Damals war solch Umdenken lebensgefährlich, Christen wurden verfolgt. Man folterte die schöne junge Frau, die nicht vom neuen Glauben abschwor, und verbrannte die Unglückliche schließlich bei lebendigem Leib am Lechufer. Ihr aufrechter Tod inmitten lodernder, sie verzehrender Flammen bildet die Grundlage der meisten Afra-Abbildungen.

Nicht weniger Legenden bildend ist Ulrich von Augsburg: 923 bis 973 lebend, erwarb er sich Ruhm und Verdienst während der Ungarn-Einfälle, er soll bei der berühmten Schlacht auf dem Lechfeld heldenhaft vorangeritten sein, nur mit einer Bibel bewaffnet. Auf jeden Fall ein früher und genialer Motivator.

Heute ruhen die Gebeine von Afra, die damals von solidarischen Christen heimlich bestattet worden ist, in Steinsarkophagen der Kuppelbaugruft, tief unter dem Altar des Augsburger Domes. Und auch die sterblichen Überreste des tempelrittergleichen Streiters Ulrich sind hier zur Ruhe gebettet. Nähern Sie sich durch die Augsburger Fußgängerzone dem quer zur Prachtstraße stehenden monumentalen Kirchenbauwerk, dessen Mittelschiff von filigranen Netz- und Sterngewölben überspannt wird. Im Inneren des Domes führen links von der Altarbühne, genau unter der gewaltigen Vierung, steile Stufen nach unten. Und immer der seelengreifende Dauerbrummton, dieser so unheimliche Raumklang: Eine Krypta wie diese ist wie ein Resonanzkörper, ein Sounding-Board für die Schwingungen der Seele. Hier unten werden Tote auf eigene Weise lebendig. Die bestatteten Heiligen sprechen zu Ihnen und der staunende Besucher hört das murmelnde Raunen des Ewigen. Verweilen Sie nicht zu lange, denn die Geister hier unten sind Ihnen überlegen. In jedem Falle verlassen Sie den Raum anders, als Sie ihn betreten haben.

Auch über der Gruft der Tod

Der Augsburger Dom

CHARAKTERISTIK Kirchenbesichtigung, Stadtrundgang: Altstadt anschauen. Das ist bei einem Augsburg-Besuch eigentlich ein Muss. In der Krypta von Sankt Ulrich und Afra allerdings kommen Sie zu sich. Woher der raunende Brummton dort unten?

START- UND ENDPUNKT Vor dem Augsburger Dom Sankt Ulrich und Afra.

VERLAUF Kirchenrundgang, Abstieg und Aufstieg in die Gruft und wie bei einer Einweihung aus dem Dunkel ins Licht.

EINKEHR Augsburg ist ein kulinarisches Eldorado. Ideal: Weihnachtszeit mit Christkindlmarkt.

GEHZEIT Fällt beim Kirchenbesuch nicht ins Gewicht. Stadtrundgang einige Stunden.

AUSRÜSTUNG Ein Gotteshaus. Angemessene Kleidung.

Region IV

FRANKEN

45 EXORZISMUS IN KLINGENBERG

EIN DÄMONISCH-MORPHOGENETISCHES FELD

Teufelsaustreibungen in den 1970er-Jahren? Anneliese Michel und Klingenberg. Der magische Ort sollte zu entsetzlicher überregionaler Bekanntheit gelangen. Quellen weisen mit Beklemmung darauf hin, dass der hohe Wogen schlagende Strafprozess, der den schrecklichen, tödlich endenden »Teufelsaustreibungen«, gefolgt war, nur noch mit den Prozessen vor dem Nürnberger Kriegsverbrechertribunal und dem ersten Prozess gegen die Gründer der Rote Armee Fraktion in Stammheim vergleichbar sei. Und das in einem Ort und einer Landschaft, wie sie schmeichelnder nicht erscheinen könnten.

Fränkischer Rotwein-Wanderweg … so wird bilderreich geworben. Und keiner (außer denen, die's wissen), ahnt den immanenten Wahnsinn hinter der Postkartenkulisse des mainfränkischen Städtchens Klingenberg. Der Spaziergang durch Gässchen und Torbogen lässt den staunenden Besucher eintauchen in mittelalterliches Flair. Fachwerk und erdgebundene Geselligkeit am Untermain. Ganz zu schweigen von der hiesigen fränkischen Gastronomie, den unvergleichlichen Bratwürsten im wildromantisch-historischen Gasthaus Zum Goldenen Schwert.

Bei allem Genuss der Sinne: mahnende Symbolik. Dicke Mauern raunen dunkle Mären. Immerhin erzählt hier die Legende von einer abgehackten Hand. Nur weil der Wein ausging, nur deshalb. Schon beginnt die Gewalt hinter dem liebenswerten Schein. Klingenberg. Anneliese Michel. Großer Exorzismus. Nicht ein einziges Vergehen an der hilflosen Seele, sondern

67 Mal der frevelhafte Versuch, den Teufel auszutreiben. Schließlich als Folge: Tod durch Auszehrung. Wer im Internet unter »Klingenberg Exorzismus« oder »Anneliese Michel« sucht und findet, der will einfach nicht glauben, dass dies alles im letzten Viertel des 20. Jahrhunderts, im Jahre 1976 geschehen durfte. Der Fall bewegte nicht nur Franken und Deutschland, der Skandal um den bizarren Tod einer Studentin schlug weltweite Wellen der Empörung. Bis heute ist der schrille Akkord aus Ignoranz und religiösem Schwachsinn noch nicht verklungen.

»Priester hatten 67 Mal versucht, der Epileptikerin den Teufel auszutreiben – schließlich wog sie nur noch 31 Kilo. Der tragische Exorzismus hat Folgen bis heute, nicht nur für den Bischof …«, das stellte eine Historikerin fest. Tatsache bleibt dabei immer, dass eine klar umreißbare Krankheit (Epilepsie) nicht gesehen – und die junge Frau zu Tode »exorziert« wurde. Endlich, gerade noch 30 Kilogramm schwer, setzte ein gnädiger und erlösender Tod dem Leid und Treiben restlos irrer klerikaler Zeitgenossen ein Ende.

Mit dem Ableben der bedauernswerten jungen Frau fängt »es« aber erst an. Darüber wird weit weniger berichtet. Man ließ die selbst im Tode Verfolgte noch lange nicht ruhen. Und dies im Wortsinne. Im Jahre 1976 erfolgte eine Umbettung, düster umrankt mit bis heute wabernden Gerüchten: Der Sarg sei leer.

Das Sägewerk Michel am Beginn des Ortes ist nicht zu übersehen. Und die wüsten Berichte klingen nach, bleiben nicht zu überhören. Am 6. Juni brennt ein Haus im fränkischen Klingenberg ab – dort war die junge Anneliese Michel nach einer Exorzismus-Behandlung gestorben. »Waren hier Satanisten am Werk?«, so fragte eine überregionale Zeitung. Man muss wissen: In dieser schönen Region hat der Hexenwahn getobt wie nirgendwo anders. Der Hexenturm auf der Burg Freudenburg in Freudenberg (150 Frauen wurden hier »hochnotpeinlich« befragt) gibt beredt und schockierend Zeugnis. Und wie ein Wächter und Richter steht schweigend und wissend über allem, was da war und was noch sein wird, die Burg Klingenburg. »Sie sollten hier nicht weiter recherchieren«, das riet mir schließlich ein Wissender in der Nähe des Grabes der Untoten von Klingenberg.

Anneliese Michel: Opfer eines großen Exorzismus

CHARAKTERISTIK Einerseits ein fränkisches Bilderbuchstädtchen, andererseits – oder gerade darum – das Grauen pur.

START- UND ENDPUNKT Gasthaus Zum Goldenen Schwert, gelegen in der romantischen Altstadt, zwischen Main und Burgberg.

VERLAUF Gruselspaziergang zur Sägerei Michel, gegebenenfalls zum Friedhof. Interessant ist bei Fragen an Einheimische das beredte, auch ärgerliche Schweigen.

EINKEHR Zum Goldenen Schwert: Gruselhistorie und herrliche fränkische Bratwürste.

GEHZEIT Stadtrundgang mit unheimlichen Punkten ca. 2 Stunden.

AUSRÜSTUNG Je nach Jahreszeit. Turnschuhe genügen.

46 UNSCHLITTPLATZ IN NÜRNBERG

KASPAR HAUSER UND SEIN GEHEIMNISVOLLER TOD

Kaspar-Hauser-Gruseltour. Der Mordplatz bleibt unbekannt, nicht aber der Platz seines Erscheinens: Unschlittplatz in Nürnbergs Altstadt. Das lässt sich mit einem Altstadtbummel verbinden: zumeist vom Bahnhof kommend, durch die berühmte Stadtmauer beim Königstor. Dann immer nordwestlich durch die herrliche Altstadt, an Sankt Lorenz vorbei, Richtung Pegnitz, Richtung Westgraben, Hallerwiese. An der Maxbrücke der Unschlittplatz und das Unschlitthaus.

Unheimliche Fakten steigen nach oben: Wir sind im Jahre 1828, am 26. Mai, einem Pfingstmontag in der sonnenseligen Dürerstadt Nürnberg. Das Wetter soll herrlich gewesen sein … Der befremdliche Jüngling tauchte auf dem Unschlittplatz zu Nürnberg auf, benahm sich (es gab ja noch keine Handys und Mitschnitte) seltsam genug, um einer nachhaltigen Legendenbildung und einer schillernden Verschwörungstheorie genügend Inhalte zu liefern. Nicht weniger seltsam gerann das kurze Restleben Kaspars. Mehrere Vormünder wechselten sich ab. Der Jüngling schied schon am 17. Dezember 1833 wieder aus dem Kreis der Lebendigen. Wahrscheinlich war sein Ende Mord. Warum? Das macht seinen Fall so aufregend und so nachhaltig. Man spürt das Wirken verborgener Geheimgesellschaften. Sowohl Mythen als auch Forschung denken in diese Richtung. Die Inschrift auf dem Grabmal des magisch-mystisch Auf- und dann ebenso geheimnisvoll wieder Abgetauchten steht leitmotivisch für das Gesamtleben Kaspar Hausers: HIC JACET / CASPARUS HAUSER / AENIGMA SUI / TEMPORIS /

IGNOTA NATIVITAS / OCCULTA MORS / MDCCCXXXIII. Übersetzt: Hier ruht / Kaspar Hauser / das Rätsel seiner Zeit / unbekannt seine Herkunft / geheimnisvoll sein Tod / 1833.

Der kurze und schnörkellose Text sagt letztlich mehr als die (teilweise unsäglich spekulative) Hauser-Literatur. Das frühere Schrifttum nimmt durch die neuere Esoterikwelle und das aufblühende Interesse an Geheimgesellschaften richtig Fahrt auf. Die historisch fassbare Gestalt mutiert gar zur mystischen Fiktion. Der Jüngling mit dem großen Fragezeichen wird in der Auslegung zur Rudolf Steiner'schen Wesenheit, zum Atlantiker hochstilisiert. Anklänge zu Dürers Christus-Parallele beim Selbstporträt vom *Jüngling mit dem Pelzrock* tauchen auf, Hauser wird zum geistigen Wegweiser gedichtet, zum Weltenmissionar. Sogar in der Nachfolge Goethes, Schillers oder Herders sah man ihn! Was den Fall Hauser für Verschwörungstheoretiker gar so interessant macht: Da ihm irgendwann – durch Briefe nachweisbar – eine Art messianischer Auftrag angedichtet wurde (oder war es wirklich so, dass er im Auftrag zur Erde kam?), riefen angeblich bald die freimaurerischen Gegenkräfte auf den Plan. Denn Hauser hätte bei so viel geistiger Macht, göttlicher Sendung oder was auch immer, die angestrebte Weltherrschaft der dunklen Logenbrüder gefährdet. Das eben macht die Sache so prickelnd, so fantasiereich erzählbar. Dieser kruden Logik folgend, wurde der menschliche Findling von einer Verschwörer-Clique (!) eiskalt ermordet. Ritualmord. Verschwörung der dunklen Weltherrschaft! Fakt bleibt. Man hat ihn in Nürnberg erstochen.

Eine Obduktion wurde durchgeführt. Der Hauser'sche Gehrock samt Einstichstelle – der gezielte Stich hatte eine todbringende Verletzung des Herzbeutels zur Folge – ist heute im Markgrafenmuseum Ansbach zu bestaunen. Wer war er? Der Unschlittplatz gibt keine Antwort. Wer der Sache so richtig auf den Grund gehen will, für den liegen im Hauptstaatsarchiv 46 Aktenbände.

Ein Fluchtfahrrad am Unschlittplatz?

CHARAKTERISTIK Stadtrundgang durch Nürnbergs Altstadt: Staunen, fantasiereiche Spekulation. Jeder weiß etwas anderes, jeder weiß es besser und verwobener. Geheimtipport für kreative Verschwörungsfans. Das Kaspar-Hauser-Fieber ist auch mit dem jeweiligen Zeitgeist gut kombinierbar. Vielleicht war er gar ein Klimaaktivist?

START- UND ENDPUNKT Unschlittplatz. Vom Hauptbahnhof gut zu Fuß erreichbar.

VERLAUF Ideal mit Nürnberg-Rundgang und der magischen Burg zu kombinieren.

EINKEHR Überall! Nicht vergessen: die unverwechselbaren Bratwürstl-Stationen in der Stadt.

GEHZEIT Je nachdem.

AUSRÜSTUNG Stadtkleidung. Kein Anstieg.

47 MICHAELSKAPELLE IN GREDING

GRUSELBEINHAUS UND BAYERISCHER SEELENKELLER

Was ihr jetzt seid, das waren wir …«, so scheinen die 2500 Toten des Beinhauses den verdutzten Ankommenden zu begrüßen. Spott? Schwarzer Humor? Wohl eher das Wissen um Werden und Vergehen. Die Ortsmagie der alten Wehrkirche hat etwas seltsam Anziehendes. Man muss einfach hin! Schon die Fahrt auf der Autobahn München–Nürnberg stimmt den Suchenden ein auf diesen ganz besonderen fränkischen Kraftort der Magie: Denn zwischen Ingolstadt und Roth bei Nürnberg, auf das Fränkische Seenland zueilend, gewinnen sowohl die Landschaft als auch die eigene Stimmung an Weite. Der alte Wehrturm der erhabenen Kirche von Greding lockt. Sender- und Empfängerenergie zugleich. Wir sind bereits außerhalb der dicken, gar manch dunkle Geschichte erzählenden Mauern eingestimmt auf das Unheimliche, das uns da erwartet.

Jetzt bewegen wir uns ins Innere des Kraftfeldes. Eingetreten durch ein Tor, das wie der magische Einlass und ebenso Auslass zwischen zwei Welten und Existenzformen wirkt, finden wir uns innerhalb der alten Mauern einer klassischen Wehrkirche wieder, eben der Basilika Sankt Martin. Der Ort nimmt einen mit. Hier angekommen, kann keiner sich gegen die Kraft des Ortes und der agierenden Geistmächte wehren. »Es« reißt uns fort – in andere Welten. Der Todestempel fordert auf mit der unbedingten Autorität des Seins, herzukommen und einzutreten. Dabei handelt es sich um einen sogenannten Karner, auch Ossarium, Knochenstätte, genannt, aus dem 12. Jahrhundert;

Ort der Toten: der Friedhof von St. Martin über dem Karner

nicht weit vom Turm entfernt. Ein Beinhaus also. Hier stapeln und drängen sich die Schädel und Oberschenkelknochen von nicht weniger als 2500 Verblichenen, wobei die weiter existierende, dem sogenannten Tod niemals unterworfene Energie ungezählter Seelen mit sehr wechselhaften Schicksalslinien deutlich zu spüren ist.

Wir spüren arme Seelen, ebenso gerettete und vor allem abwartende. Der Satz »Sterben heißt noch lange nicht tot sein« des Benediktinerpaters Frumentius drängt sich wieder ins Gedächtnis. Eine Inschrift mahnt: »Was ihr jetzt seid / Das waren wir / Was wir jetzt sind / Das werdet ihr.« Man hat hier oft das Gefühl, die Toten würden reden, eine Art bizarrer Stimmenwirrwarr wabert ans geistige Ohr. Düstere oder traurige, indes auch heitere und volksliedhafte Geschichten sind dabei! Solche Beinhäuser waren früher eine Notwendigkeit bei Platzmangel des engen Friedhofes in der Wehranlage: Die Toten hatten nur einige Jahre im kühlen Grab ihren Frieden, dann wurden die Knochen geborgen, gebleicht, gestapelt …

Michael ist der Patron der Sterbenden und ebenso der armen Seelen. Ein anschließender Besuch in der Michaelskirche, dem Wahrzeichen Gredings, lässt über die größte dreischiffige Basilika im Bistum Eichstätt staunen. Immerhin stammen die ältesten Gebäudeteile hier bereits aus dem 11. Jahrhundert. Entdecken Sie im rechten Teil den Heiligen Jakobus und Sie wissen sich – wie so oft – auf einem Teil des Fränkischen Jakobsweges. Lassen Sie Ihre Blicke sich in der Bemalung der Hauptapsis verlieren: Christus auf dem spektralbunten Regenbogen thronend. Hier im mystischen Halbdunkel vereinigen sich Zeit und Jetzt und Ewigkeit – im verorteten Hier.

CHARAKTERISTIK Ein sehr okkulter und unheimlicher Ort. Die Bezeichnung Seelenkeller trifft zu. Knochen und grinsende Schädel zuhauf, mahnend, faszinierend. Dennoch hat die Stätte etwas Beruhigendes und auch Bergendes, denn alles geht seinen Weg. Woher nur stammt das (geistige) Stimmengewirr?

START- UND ENDPUNKT Friedhofstor.

VERLAUF Nicht nur Friedhof und Beinhaus, Greding ist immer einen Rundgang wert, auch vor der malerischen Stadtmauer.

EINKEHR Zahlreiche gute Altstadtlokale.

GEHZEIT Alles in allem ca. 1 bis 2 Stunden.

AUSRÜSTUNG Bei gutem Wetter keine besondere. Kirchenbesuch bei der Kleiderfrage berücksichtigen.

48 BURG NÜRNBERG

ÄSTHETIK DES UNHEIMLICHEN UND MAGIE

Macht! Weltmacht gar. Und der Abgrund. Hier ist alles so eng beisammen. Die Burg hoch über der magischen Stadt Nürnberg zu übersehen, das ist schier unmöglich. So ziemlich jede Wanderung endet – oder beginnt – bei dem hellen gelblichen Felsen, der so unübersehbar die zeitlose Anlage von Macht und Magie trägt. Die Burg ist nicht nur sinnvoll-wehrhaft und trägt die teilweise dunkle Schrift der Geschichte in ihren sprechenden Mauern, sie ist auch von besonderer Ästhetik: Eine Ausgewogenheit von Horizontale durch die besondere Länge und Vertikale, der auffallende Rundturm, der Sinwellturm, all dies fällt sofort ins Auge. Die Burg spiegelt Worte wider wie »Macht«, »Kaiserstadt«, »Geistiges Zentrum«.

Berg und Geborgenheit verschmelzen hier harmonisch zum Begriff der bergenden Burg, das alles auf dem so typisch glimmenden Burgsandstein. Meterdicke Mauern und Mauervorsprünge. Der gigantisch tiefe Burggraben, den der kühne Raubritter Eppelein von Gailingen übersprungen haben soll! Der runde Sinwellturm pfählt die Landschaft genau am Kreuzungspunkt wichtiger Drachenlinien, er stammt aus der zweiten Hälfte des 13. Jahrhunderts. Während der Geschichte prägenden Reichstage wurden von seinem Dach aus mit einem zinnenen Horn weithin vernehmbar die Stunden verkündet. Hier residierten von 1050 bis 1517 alle Kaiser des Heiligen Römischen Reiches, die Burg gehört zu den bedeutendsten Kaiserpfalzen des Mittelalters. Schon der große Herrscher und

Dieser Turm sah einst den Teufel.

Magier und »Schläfer im Berg« Friedrich Barbarossa hat die bereits um die Mitte des 11. Jahrhunderts bestehende salische Königsburg großzügig ausgebaut.

Schön – und zugleich unheimlich! Hier war so ziemlich jeder heimisch, dem das Menschsein nicht genügte und der Gott spielen wollte: Macht und Machtwahnsinn (Nürnberg im 20. Jahrhundert, vor allem die NS-Zeit) schöpfen hier Energien, quer durch alle wie auch immer politisch und ideologisch geprägten Zeiten. Das Reichsparteitagsgelände, auf dem von 1933 bis 1938 die berüchtigten Reichsparteitage der NSDAP stattfanden. Die sogenannten Nürnberger Prozesse. Kein Zufall, dass sich ein Hin und Her der Macht vom Mittelalter bis ins 20. Jahrhundert genau hier in Nürnberg manifestiert hat. Sogar die legendäre Heilige Lanze, die sich heute wieder in der Schatzkammer der Wiener Hofburg befindet, wurde dereinst in Nürnberg aufbewahrt. Vielleicht das alles im Zeichen und im Strahlbereich der mächtigen Burg?

Der tief in den magischen Felsen getriebene Brunnenschacht beträgt 47 Meter. So kommt es zur bilderreichen Sage um den verwegenen Ritter Eppelein von der Raubritterburg Gailenreuth: Er konnte auf- und abtauchen wie er wollte, denn er stand mit dunklen Mächten, denen er sich verschrieben hatte, in Verbindung. Teuflische Mächte (wieder einmal!) waren es denn auch, die ihm das legendäre fliegende Zauberpferd liehen. So konnte er den unmöglichen Sprung wagen – zurück blieb ein Hufabdruck, ein Teufelstritt bis heute …

CHARAKTERISTIK Die Burg: Blickfang, Machtzentrale – und spürbares energetisches Zentrum.

START- UND ENDPUNKT Die magische Nürnberg-Tour am besten vom Königstor über die Altstadt, Königstraße, Pegnitzbrücke, Hauptmarkt, Burgstraße, bis hoch zur Festung. Viele Würstl-Stationen zwischendurch. Die gesamte Altstadt ist autofrei, so sparen Sie Nerven.

VERLAUF Immer sinnvoll vom Bahnhof aus.

EINKEHR Gleich gegenüber dem Bahnhof das Altstadttor, malerische Fachwerkarkaden und der herrliche Geruch der Nürnberger Bratwürstl. Rauchschwaden unübersehbar.

GEHZEIT Leichte Erhöhung in Burgnähe, ca. 3 Stunden mit Stehenbleiben, bei Interesse, ohne Raum und Zeit.

AUSRÜSTUNG Keine. Gegebenenfalls einen Regenschirm.

49 HEXENTURM DER BURG FREUDENBERG

HOCHNOTPEINLICHE BEFRAGUNG IN MAINFRANKEN

Folter und gezielte Grausamkeit. Scheiterhaufen als öffentliches Schauspiel. Der religiös untermauerte Hass richtete sich zumeist gegen Frauen, aber auch Männer wurden auf diese perverse Weise gequält. Es genügte, anders zu sein, Heilungswissen zu haben. Und das alles mit dem Anstrich ordentlicher Rechtsprechung und Gerichtsbarkeit. »Hochnotpeinliche Befragung« nannte man solch ein Verhör.

Auch vor Freudenberg machte die Hexenverfolgung nicht Halt. Damals sind etwa 150 Bewohnerinnen der Stadt Freudenberg hochnotpeinlich befragt worden. Befragt? Das heißt, die Bedauernswerten wurden gequält, gefoltert und gedemütigt, sogenannten Hexenproben unterzogen, dann auf dem Brennplatz qualvoll vernichtet. Vorher aber eingesperrt im … Hexenturm. Die Energie ist jetzt noch deutlich spürbar.

Das Städtchen Freudenberg kann malerischer nicht sein. Im lieblichen Mainfranken gelegen ziert es die weit geschwungene Landschaft zwischen Main und Taubertal. Der Nibelungensteig nimmt hier seinen Anfang. Doch dräut auch hier im alten Städtchen das Unheimliche: Spuren früherer Hochwasser und der damit verbundenen Not und Armut der kleinen Leute, der Unteren. Denn die einfachen, die ärmeren Häuser sind im Wortsinne unten, die Oberschicht aber haust bergan, dort, wo auch das schlimmste Hochwasser nicht hinreicht. So ist es aber nicht nur in Freudenberg, sondern überall auf der Welt. Oben ist oben.

Und weithin sichtbar, hoch über dem Main, thront über der Stadt Freudenberg die Freudenburg, direkt am Ausläufer des fränkischen Odenwaldes. Geopunkt des Geo-Naturparks Bergstraße-Odenwald, hat der faszinierend-unheimliche Ruinenbau alles, was eine Burg haben muss. Spürbare Macht, auch heute noch – und eingemauerte Gewalt. Das morphogenetische Feld von damals, die Energieform von gezielter Bosheit, bleibt immer bestehen: ein Ort, der gewaltsame Handlungen und schreckliche Tode kennt, behält diese seltsam unheimliche Energie, die dann Geister- und Gespenstersagen gebärt.

Keine Geistergeschichte, die nicht den genauen Ort angibt, das hat seinen Grund. Der Burgfried hier oben ist faszinierend ausladend, der sogenannte dreistufige Butterfassturm erzählt besonders dunkle Geschichten. Wo hochgehen? Nicht so leicht zu finden, direkt neben dem Rathaus führen extrem verwinkelte Gässchen, Steigen, Treppchen ziemlich steil nach oben. Der Weg lohnt, die Aussicht sowieso. Teilweise rote Steinstufen, dann das Tor! Ein zerbrochener Torbogen, der weite Vorhof, schon sendet der Hexenturm zur Rechten seine klagenden Energien ab. Unheimlich und unheimlich schön ist es hier über der Stadt. Die Ambivalenz zwischen herrlicher Natur, faszinierender Ruinenarchitektur und der Erinnerung an Hexenwahnsinn nimmt gefangen.

Hexen gibt es immer noch, sie haben wie eh und je besondere Begabungen, haben großes Wissen, Wissen zumeist um Heilung. Und – Gott sei Dank – sie werden nicht mehr eingesperrt und umgebracht.

Ein Burgturm, der Böses birgt

Moderne Hexen suchen den Magischen Platz zwischen verfallenen Mauern auf und erzählen, man müsse vom Torbogen aus Steine in eine unten liegende Mulde werfen. Warum? Wegen kommendem Kindersegen! Also positive Wünsche nach entstehendem Leben – genau dort, wo dereinst Vernichtung, Angst und Schrecken regiert haben.

CHARAKTERISTIK Typisches Burgerlebnis für Romantiker und Sucher von besonderen Lost Places. Alles hoch oben, der versteckt-verwunschene Weg, Gruselhistorie … und doch: Trotz der Ruinenromantik bleiben der Wahn und das Grauen der Hexenverfolgungen spürbar.

START- UND ENDPUNKT Aufstiegsgässchen direkt neben dem Rathaus.

VERLAUF Durchaus steile Treppen. Gute Schuhe können nicht schaden. Und etwas Kondition.

EINKEHR Unten, in Flussnähe, einige urige fränkische Lokale.

GEHZEIT Hoch und runter, und oben ist's verweilenswert schön und interessant: ca. 3 Stunden.

AUSRÜSTUNG Im Sommer darf's luftig sein mit Turnschuhen. Je nach Wetter. Den steilen Anstieg nicht unterschätzen.

50 BURGKAPELLE STEIN

DAS DUNKLE GEHEIMNIS IM KREIS BAYREUTH

Stellen Sie sich vor: Sie sind Musiker, werden gezwungen, in einen unterirdischen, dunklen und feuchten Gang der verlassenen Burg hinabzusteigen. Dann müssen Sie im Finstern einem Leichenzug aufspielen! Jetzt in einen bereitgestellten Sarg steigen … Wer will das? Man sieht es auf den ersten Blick: Diese einsame Burg, hoch aufragend zwischen Wäldern und Schluchten, birgt ein dunkeldräuendes Geheimnis. Das ist die Sage vom Geiger, die gar einen wahren Kern haben soll. Den beweist ein Geheimgang, der von der Burg unterirdisch bis zur unweiten Ruine in Bad Berneck führt.

Der seltsame Geiger kam zur Zeit des »Es war einmal« zu der Burg und ließ sich zu einer gruseligen Aufgabe überreden: Zur Nachtzeit in dem dunklen und feuchten Verliesgang Fidel zu spielen! Dort aber wartete das Grauen pur. Ein Leichenzug näherte sich ihm, die Untoten wiesen ihn stumm an, in den vor ihm abgestellten Sarg zu steigen. Er widerstand der Totenlade und dieser bizarren Einladung; es gelang ihm stattdessen, den Goldschatz der Leichen an sich zu bringen.

Man muss die Hauptstraße in der Umgegend von Bayreuth verlassen. Über Nebenstraßen, schließlich drachenartige Serpentinen, gelangt der Suchende in die Nähe der Burg. Der versteckte Abstellplatz reicht höchstens für zwei Autos. Dies hier ist keine Burg, die Neugierige oder gar den Fremdenverkehr magisch anzieht. Es scheint, sie habe einen unsichtbaren Schutzwall, eine Bannmeile. Nachforschungen ergaben, dies hier muss eine Wehrburg der

Walpoten sein. Die einsame Festungsanlage steht auf magischem Fels: einem nach Südosten vorspringenden, nach hinten sich verengenden und dicht bewaldeten Sporn über einer Flussschlinge der Ölschnitz. Alles ist, trotz der Höhe, ein Teufelstritt-Areal, zieht saugend nach unten, hin zum Erdmittelpunkt (zur Hölle?). Vor allem die unheimliche, an einen freistehenden Turm erinnernde Burgkapelle saugt Energien ab. Ausgerechnet die Kapelle.

Sie wollen mehr über das einbeschriebene Geheimnis wissen. Der Parkplatz ist sichtbar privat, man will hier wohl keine Öffentlichkeit. Sie steigen den jähen Burgberg hoch und müssen dabei die Zauberburg einmal umkreisen. Magie? Ständig haben Sie das bedrückende Gefühl, beobachtet zu werden. Aber von wem? Aus welcher Richtung? Die grauen Mauern scheinen zu leben. Aber Stein spricht nicht. Oben das wuchtige Tor bleibt verschlossen. Sie spüren ein dunkles Geheimnis dahinter, das aber verschlossen bleiben wird und eben – ein Geheimnis. Weit unter Ihnen im Tal dringt das Tosen sich ergießender Wasser eines Wildbaches warnend zu Ihnen herauf. Eine Vorburg, der düstere Kapellenturm, das Haupthaus ein dreigeschossiger Bau aus dem 14. Jahrhundert. Der dunkle Torbogen aus dem 16. Jahrhundert, auch ein später hinzugebauter Palas, alles bleibt leider nur von außen her anzuschauen und mit dem geistigen Auge erkennbar. Doch eine dunkle Ahnung sagt: nicht zu weit gehen und das im Wortsinne! Diese auffallend hohe Umgrenzungsmauer ist kein Zufall, sie steht auch geistig und erzählt: Die Vorgängerburg dieser abgeschiedenen Anlage wurde schon um das Jahr 1000 herum initiiert. Abweisung, Geheimnis, verborgener Schatz. Letztlich die Gefahr – und eben der Nervenkitzel unbeantwortbarer Fragen.

Eine Burg mit dunkler Ahnung

CHARAKTERISTIK Gruselort mit verschlossener Gruselburg. Das Tor bleibt zu. Im Gegensatz zu vielen anderen unheimlichen Orten abgelegen und kaum von Touristen beachtet. Man hat aber immer das Gefühl, beobachtet zu werden. Von wem?

START- UND ENDPUNKT Der Mini-Parkplatz am Ende der Serpentinenstrecke.

VERLAUF Steil nach oben, dabei zwangsweise einmal um die Burg rum.

EINKEHR Nichts in unmittelbarer Nähe. Sie sind sehr allein. Deshalb Brotzeit mitbringen. Oder anschließend in Bamberg einkehren.

GEHZEIT Den Weg hoch, stehen, staunen, überlegen ... ca. 1,5 Stunden.

AUSRÜSTUNG Turnschuhe oder leichte Bergschuhe. Es geht zur einsamen Felsenburg im Wortsinne nach oben.

51 STAFFELBERG IN BAD STAFFELSTEIN

ZU DEN ERDGEISTERN UND ZAUBERZWERGEN »QUERKLA«

Kleine Zwerge, auf Fränkisch »Querkla«, klauen Ihnen frech die Knödel aus dem Topf! So geht es ja nun wirklich nicht. Aber in der Gegend des fränkischen Staffelberges kommt so etwas vor. Die Kunde von den emsigen Erdmännchen, die beständig etwas zu werkeln und zu schaffen haben müssen, erreicht den erstaunten Ankommenden in Bad Staffelberg. Banz, Staffelstein, Vierzehnheiligen bilden ein magisches und zugleich bannendes Dreieck … das nicht umsonst »Fränkischer Gottesgarten« benannt wird. Mehrere Staffelberg-Sagen wissen von den umtriebigen Querkelen, diesen wuseligen und fleißigen Helferwichteln zu berichten. Unheimlich? In dem Falle eher unheimlich umtriebig.

Die Querkelen wohnen in Höhlen, in sogenannten Querkeles-Löchern. Ortssagen künden von verborgenen Schätzen, Raben und Rittern, gruseligen, unheimlichen und auch humorvollen Mären, die hier sogar von eigenen Erzählern zum Besten gegeben werden. So sollen diese umtriebigen Wichtelmänner einer Bäuerin frech die Klöße aus dem Topf geklaut haben. Worauf diese die Klöße nachzählte – und die unheimlichen nächtlichen Nahrungsdiebe beleidigt auswanderten.

Der Staffelberg erhebt sich links des Mains, dem Kloster Banz (immer schon Treffpunkt der Mächtigen!) gegenüber. Knapp 550 Meter über dem Wasserspiegel gelegen, stellt der magische Höhenrücken die äußerste nördliche Spitze der großen südlichen Kalkgebirgskette dar. Die Gegend ist wegen der Bodenbeschaffenheit reich an Heilkräutern. Auf dem steilen, sattelförmigen Rücken stand früh schon eine Wallfahrtskapelle, vor Jahrhunderten zerstört und wiedererrichtet. Über 7000 Jahre lang soll der magische Berg schon bewohnt sein, die keltischen Ahnen bauten ihn zur Festung aus. Denn hier hat man den Überblick, nicht nur körperlich, sondern auch geistig. Die keltische Stadt Menosgada auf dem unteren Plateau ist längst verschwunden, aber energetisch deutlich spürbar. Die gesamte Umgegend des Staffelberges packt die Seele, ist unheimlich, ist mächtig – und verleiht der Fantasie Flügel.

Wahrscheinlich sind die wuseligen Erdmännchen Verdichtungen der bis heute erkennbaren fränkischen Emsigkeit, dem fränkischen Fleiß – und auch der verschmitzten Hinterkunft. Verschieden die Benennungen für die Frankenzwerge, je nach Region: »Schlaazla«, »Büebl« oder »graua Mennla«. Boshafte Geister behaupten gar, es sei kein Zufall, dass in der bayerischen Geschichte so viele Spitzenbeamte aus dem Fränkischen kämen: Querkla-Mentalität eben. Denn Ordung muss sein, auch bei den Zwergen im Berg.

Vermutlich liegt es an der fruchtbaren Gegend und der Übersicht, die der Staffelberg schenkt, dass hier blumige Sagen und Mären entstanden. So soll ein unermesslicher Schatz im Inneren des Staffelberges warten, gehoben zu werden. Der ist aber nur Sonntagskindern vorbehalten. Also nichts für Jedermann. Eines Tages hat es aber so ein Auserwählter probiert, jedoch die zeitliche Vorgabe nicht einhalten können. Denn der Schatz im Berg hat, auch vor dem Zeitalter der Technik, ein trickreiches Zeitschloss. Unerbittlich ging der Berg wieder zu, er musste hundert Jahre warten. Nun denn, wer braucht da noch einen Schatz. Die andere Sage handelt vom »Fisch im Berg«, einem Ur-Fisch-Drachen-Monster, das den eigenen Schwanz im Maul hält. Wer das Viech ärgert, riskiert eine Katastrophe. Denn wütend geworden lässt der Ur-Wurm den eigenen Schwanz los, der schlägt peitschend das Felsgestein entzwei, eine Sintflut ergießt sich übers Frankenland.

Wer nachliest zum Kochelsee – Walchensee-Monster und Kesselberg –, der fragt sich: Gibt es zwei solcher Grantel-Fische, die in den Tiefen der Erde, der Berge oder der Seen ruhen? Wohl ist's eine Warnung uralter und kluger Sagen-Weisheit, man solle die Natur in Ruhe lassen. Sonst? Unsere Tage erzählen davon wahre Gräuelgeschichten, was alles passiert, wenn der Mensch Gott spielt und die Natur und das Klima herausfordert. Dann öffnet das Urtier in der Erde entzürnt das Maul und: Überschwemmungen und horrende Klimakatastrophen weltweit sind die Folge des Frevels.

CHARAKTERISTIK Erhebend im Wortsinne. Der magische Staffelberg lässt Gedanken frei fliegen. Alles hier ist so herrlich und typisch fränkisch.

START- UND ENDPUNKT Für den Rundwanderweg Staffelberg bis zum markanten Felsgipfel gilt der Friedhof in Bad Staffelstein als ideal.

VERLAUF Dem Holzschild »Staffelberg« folgen, immer bergan, die A73 queren, über Wiesen, einen Hohlweg, stets ansteigend, über den Wirtschaftsweg hinauf zum Plateau.

EINKEHR Oben die Staffelbergklause, herrliche fränkische Bratwürste. Fromme besuchen auch die Adelgundis-Kapelle.

GEHZEIT Etwa 6,5 Kilometer, ca. 2 bis 3 Stunden.

AUSRÜSTUNG Turnschuhe oder leichte Bergschuhe. Wenige hundert Meter Höhenunterschied.

52 MÜNSTER IN HEILSBRONN

DAS GEHEIMNIS DER ABSTRAHLENDEN HOCHGRÄBER

Hochgräber in einem gotischen Hallenraum. Eine sprudelnde Quelle unter dem Hochgrab, Grundbrummen, Raumklang und lebendige Tote, deren untilgbare Energie gewesener Macht den Ankommenden packt. Über Neuendettelsau finden sie bald Heilsbronn und entdecken den filigranen gotischen Turm des magischen Münsters, das unglaublich viel Macht und lebendige Geschichte abstrahlt.

Am besten in der Altstadt parken und zu Fuß zum Areal der Kraft spazieren. Das ehemalige Zisterzienserkloster geht auf das Gründungsjahr 1132 zurück, die Blütezeit des Hohen Mittelalters also. 1118 begann der Templer-Orden seinen legendären Siegeszug durch die Geschichte der Macht, durch die Geschichte des bargeldlosen Zahlungsverkehrs und des geheimen Verwoben-Seins der weltweiten Geldgeheimnisse – bis heute. Hier im Innern umfängt Sie verborgenes Wissen in unheimlicher Dichte, Sie fühlen sich von allen Seiten her beobachtet. Und so ist es auch. Das Langhaus mit den massiven Säulen erinnert an die Hirsauer Schule, Sie spüren den Geist der Cluniazensischen Reform, der archaische Außenbau ohne Turm geht direkt auf das Wirken des Vordenkers Bernhard von Clairvaux zurück.

Im südlichen Teil die Ritterkapelle: Ein sonnendurchflutetes Mortuarium (Raum der lebendigen Toten?) zeigt die Grablege der fränkischen Hohenzollern in monumentalen Hochgräbern. Sie, der Besucher dieses seelengreifenden hohen Raumes sind paralysiert, nicht zuletzt des feierlichen

Lebendige Tote im Mortuarium

Plätscherns wegen. Denn unter dem Grab der Kurfürstin Anna sprudelt munter eine Quelle vor sich hin. Kein Zufall, uraltes Wissen. Das fließende Wasser nimmt die Energie der toten Machtträgerin mit und führt umgekehrt frische Kraft zu. Treppen unter dem Grab bringen in den Schoß von Mutter Erde hinab. Das auffallende Schachbrettmuster des oberen Raumes gemahnt an Logenwissen, der Raumklang hypnotisiert. Wie in vielen großen, hohen Sakralräumen, vor allem in Klöstern, ist auch hier das geheimnisvolle Grundbrummen im Raum zu hören. Ein murmelnder Raumklang, der die Seele irgendwann mitnimmt. Geist, Klang, Wille und Wollen verschmelzen. Von der steinernen Kanzel bis zur Frauengrab-Quelle realisiert der Fühlende, auch der Rutengänger, eine elektrisierende Kraftlinie.

Vom Altar aus schreiten Sie nach rechts, Richtung Schwanenritterkapelle. Schwanenritter, was fällt einem sogleich ein: Lohengrin! Der geheimnisvolle Ritter und Fürstreiter, der aus dem Nichts kam, nicht nach seinem Kommen und seinem Sein gefragt werden wollte und der dann wieder verschwand. Sie finden eine Jakobsfigur mit Wanderstab, Hut und Muschel, sogar die Wasserflasche ist dabei. Also befinden wir uns auf dem fränkischen Jakobsweg. Der Aufenthalt hier im hohen und klingenden Raum, ausgeliefert den lebenden Toten in den Hochgräbern, sollte lieber nicht zu lange währen. Verlassen Sie den weiten hallenden Saal der Zwischenwelt nicht zu spät, erden und reinigen Sie sich an der Brunnenkapelle außen. Dazu den Kirchenbau verlassen, dann einige Schritte gen Süden und den Ort und Klang des heilenden Wassers im Rundbecken genießen.

CHARAKTERISTIK Ein Klosterbesuch und die Begegnung mit lebenden Toten. Macht und Machterhalt atmen hier in jeder Pore der Mauern.

START- UND ENDPUNKT Eingangsportal zum Münster Heilsbronn Sankt Marien und Jakobus. Linke Seite der Vierung.

VERLAUF Zur beschriebenen Brunnenkapelle nur ca. 100 Meter. Langes Verweilen im magischen Münster. Altstadtbummel oder naher Klosterwald zu empfehlen.

EINKEHR Café am Jakobsweg oder schräg gegenüber das Wirtshaus im Fachwerkstil.

GEHZEIT Im Innenraum mehr Stehen als Gehen. Bei Klosterwald- oder Stadtbummel nach Belieben.

AUSRÜSTUNG Keine. In einer Kirche sollte man sich immer angemessen kleiden.

53 MESPELBRUNN IM SPESSART

RAUBRITTERSAGE, SPUKSCHLOSS UND MISTELZWEIGE

Wer das Wasserschloss Mespelbrunn je gesehen hat, der vergisst nie den wildromantischen Anblick von aus dem Wasser ragenden Mauern und den Rundturm, der alte Geheimnisse in sich birgt. Der Ort zieht dunkle Energien an, vor Jahrzehnten geschah hier gar ein echter Mord. Nicht umsonst wurde *Das Wirtshaus im Spessart*, ein Kultfilm der 1950er-Jahre, der sehr frei dem Märchen von Wilhelm Hauff folgt, hier am Wasserschloss gedreht, das als ideale Kulisse diente. Seitdem ist das Schloss Touristenmagnet, wie so viele Drehorte von Kultfilmen es geworden sind.

Wer aber den Geist des Unheimlichen atmen will, der soll lieber das Original-Märchen nachlesen. Der Spessart war ein recht undurchdringlicher Wald und natürlich, vor Räubern war keiner sicher. Gespenster und unerlöste Geister? Versteht sich von selbst. Und eine Sage weiß von drei Raubrittern zur Zeit Kaiser Barbarossas, die drei Pferde an drei Ringe eines Pfahls am magischen Ort banden: Heute noch ein beliebter Wanderweg – der M3 –, der durch den Ingelheimer Grund nach Mespelbrunn führt.

Auch soll der Platz am Espelborn (Brunnen unter Mistelzweigen) mehrere dunkle Geheimnisse bergen. Immerhin ist die Mistel das Druidengewächs. »Aus der hellen Sommerhitze locker gestreuter Dörfer führt der Weg in die dunkle Kühle der Buchen- und Eichengründe zu dem entlegenen Waldschlosse …«, so schrieb ein Dichter.

Das Unheimliche des Zauberortes, der dem berühmten Film der 1950er-Jahre das Gewand verlieh, erfahren Sie, wenn Sie vor

Dieser Ort zieht dunkle Energien an …

dem Schloss stehen und die berühmte Spiegelung im glatten Wasser betrachten. Links eine kleine Anhöhe mit dichtem Laubwald bewachsen: ein magischer Hügel mit besonderen Stellen der ziehenden Erdkraft. Noch ziehender, noch typischer für eine Teufelstrittstelle ist der Brunnen aus dem für die Gegend so typischen roten Sandstein. Sie finden ihn direkt vor dem Schloss und dem ein altes Geheimnis wahrenden Burggrabensee.

Wie sehr die Burganlage dereinst fernab von jeder zivilisierten Welt lag, weiß die Sage von Mespelbrunn und der Quelle am Espen-Quell: Am 1. Mai des Jahres 1412 ist es gewesen, also unmittelbar nach der Walpurgisnacht, da eröffnete der Kurfürst von Mainz die Hirschjagd mit feierlichem Ritus, Waldhörner klangen, das Getrampel der Pferde blieb weithin im Forst zu hören. Erst gegen Mittag indes war der erste Hirsch zu sehen, aber was für ein Prachtstück! Den Fürsten packte die Lust, mehr noch, die Gier, er setzte dem herrlichen Tier nach, ohne auf Raum und Zeit zu achten. Keiner der Jagdgesellschaft konnte dem Fürsten noch folgen oder wollte ihm folgen in den Hochwald, außer dem Ritter Hamann. Endlich brach der Hirsch zusammen, der Kurfürst sprang vom schaumbedeckten Ross und gab dem Tier den Rest. Jetzt erst wurde allen klar: Wo befand man sich? Kein Weg damals, nur unendlich scheinender Hochwald. Nicht einmal an der Sonne konnte man sich orientieren. Und der Durst! Stunden vergingen, der Fürst konnte sich nicht mehr auf dem Pferd halten, Ritter Hamann bettete ihn unter einer Buche und begab sich zu Fuß auf die Suche. Lange schritt er so dahin, bis er in einem kühlen Tal, unter Mispelbäumen versteckt, ein sprudelndes Brünnlein fand. Er trug den halbtoten Fürsten zur Quelle, der trank, gewann an Kraft – und revanchierte sich mit Grundbesitz an seinem Retter.

CHARAKTERISTIK Trotz der modernen Zufahrtsstraßen hat das Wasserschloss von Mespelbrunn immer noch den Reiz der Geschichte vom *Wirtshaus im Spessart*. Lassen Sie Ihrer Fantasie freien Lauf, der Ort ist unheimlich, und unheimlich packend zugleich.

START- UND ENDPUNKT Vom Parkplatz aus bis zu der »Aha«-Stelle mit Blick über den Burgsee und auf das sich im Wasser spiegelnde Schloss.

VERLAUF Nach Belieben zum Schloss, zum Brunnen, zur Anhöhe. Empfehlenswert die Wanderung auf Sagenspuren (Wanderweg W3).

EINKEHR Restaurant Schlosshotel Mespelbrunn, mehrere Mottozimmer, u. a. ein Rittersaal, auch Gartenterrasse.

GEHZEIT Ca. 1 bis 2 Stunden.

AUSRÜSTUNG Keine besondere.

Umseitig: Stille Wasser sind tief – die Mordkulisse Mespelbrunn

54 JAKOBSKIRCHE IN ROTHENBURG

DAS UNHEIMLICHE ZWEITE ICH VON JESUS

Purer Okkultismus? Ein Judas-Kult gar? Judas gilt ja zumeist als eine Art Anti-Christus, hat er doch den Gottessohn am Ölberg verraten, das Erlösungswerk durch Sühnetod dadurch erst eingeleitet. Doch dass Judas von einem Künstler mitten im Zentrum des Heilsgeschehens gesehen und dargestellt wird, anstelle des Erlösers und Gottessohnes? Und dazu kommt noch in einer Bergkristallkapsel eine Blut-Reliquie. Das hört sich nicht nur schwarzmagisch an, das ist es vielleicht auch. Aber! All dies in einer protestantischen Kirche in Rothenburg, die noch dazu dem Namensgeber so vieler Pilgerwege, dem heiligen Jakobus, geweiht ist? Protestantisch? Eine urkatholische Reliquie in einer protestantischen Kirche? Doch das, was zunächst merkwürdig erscheint, macht in dieser Rothenburger Sankt-Jakobus-Kirche durchaus Sinn: Denn der kunstgeschichtlich weltberühmte Tilman-Riemenschneider-Altar, der Judas in den Mittelpunkt der Figurenanordnung, also der künstlerischen Dramaturgie, rückt, ist beim konfessionellen Wechsel nicht zerstört worden. Gott sei Dank. Sankt Jakob war vorher altkirchlich, und damit katholisch. Ein Ort, der so viel Kraft hat, dass er Geschichte schrieb.

»Von der Empore des Westchores der Sankt-Jakobs-Kirche in Rothenburg hat der bekannte Bauernführer Florian Geyer 1525 die Artikel der aufständischen Bauern verlesen …«, so weiß es der Kirchenführer. Bald darauf, 1544, entbrannte dort die Reformation. Wie der Name schon sagt, liegt die Jakobuskirche auf dem fränkischen

Jakobsweg und damit auf einer deutlich wahrnehmbaren Kraftlinie. Ein ausgewiesener histo-geomantischer Kraftort, der nicht nur Energie und Macht, sondern auch Geschichte hervorbringt. Das monumentale Meisterwerk der Kirchenbaukunst überrascht nicht weit vom Marktplatz von Rothenburg entfernt, ursprünglich wurde es als damals katholische und gotische Basilika erbaut. Der Ostchor mit der unheimlichen Ausstrahlung entstand bereits zwischen den Jahren 1311 und 1322.

Ein freundlicher Mesner führt die Treppen zur Westempore hoch, denn hier ist die Ortskraft schier unbändig. Kunstgeschichtlich wartet hier die genannte Sensation: der Altar des berühmten Würzburger Bildhauers Tilman Riemenschneider, entstanden in den Jahren 1499 bis 1505 im Auftrag des Rates von Rothenburg. Der Altar soll einer Heilig-Blut-Reliquie, die sich in einer Bergkristallkapsel im Reliquienkreuz befindet, den würdigen Rahmen verleihen. Blutkult ist immer magisch, wenn nicht gar schwarzmagisch. Doch das Besondere hier ist die Doppelung der Figur Jesus-Judas. »Christus kennzeichnet den Verräter Judas«, so der Führer. Doch, das wird jeder Betrachter bestätigen, ist ganz eindeutig Judas im Zentrum des Geschehens, nicht Christus. Und an dieser Kirche auf dem Jakobsweg bleibt auch anderes noch ungewöhnlich und unheimlich zugleich. Bei Sonnenschein im Morgen erstrahlen die Fenster im Ostchor in den allerherrlichsten und unterschiedlichsten Farben. Hinschauen lohnt: In einem dieser Fenster befindet sich die Darstellung der Flucht des jüdischen Volkes nach Ägypten. Doch statt Manna fallen Brezen auf die Flüchtenden, Brezen vom Himmel als wahre Gottesgabe auf der Flucht. Gott … ein Bayer, ein Franke?

Der Blick nach oben …

CHARAKTERISTIK Man schwankt zwischen kunstgeschichtlicher Begeisterung und theologischer Verwunderung. Judas statt Jesus im Zentrum des Heilsgeschehens? Und das alles an einem Kraftort, der die Fußsohlen zum Prickeln bringt.

START- UND ENDPUNKT Rothenburg, Kirche Sankt Jakob. Sammeln Sie sich geistig vor der östlichen Apsis.

VERLAUF Ein Kirchenbesuch mit Rundgang und langem Verweilen. Die Wegstrecke ist unwesentlich. Eher viel gespannte Verweildauer vor den Sehenswürdigkeiten.

EINKEHR In der Altstadt Rothenburg.

GEHZEIT Fällt nicht ins Gewicht.

AUSRÜSTUNG Keine. Wie immer: respektvolle Kleidung im Gotteshaus.

55 DER BAMBERGER REITER

UNHEIMLICHE SAGEN UM DEN UR-DEUTSCHEN

Zur NS-Zeit wurde behauptet, der Reiter habe blonde Haare gehabt und sei ein Abbild des Ariers. Jedoch zeigen Farbreste, dass der Reiter schwarze Haare hatte …«, so weiß es die offizielle Internetseite zu berichten. Hinter der weltbekannten Sehenswürdigkeit des altehrwürdigen Bamberger Domes, in dem ein bannender Raumklang die Sinne betört und lebendige Ahnengeschichte wie eine schemenhafte Person hinter dem gebannten Betrachter steht und an die Vergangenheit erinnert, da birgt sich indes ein Geheimnis. Etwas lauernd Verborgenes, das umso unheimlicher wird, je länger man den forschenden Blick darauf heftet. Der sogenannte Domreiter – er steht nicht auf dem Kirchenboden, wie die vielen Abbildungen vermuten lassen, sondern ist hoch über dem Betrachter angebracht und zwingt so zur »Untersicht« – findet sich am Nordpfeiler des Georgenchores.

Im Jahr 902 wird Bamberg zum ersten Mal urkundlich erwähnt. Kaiser Otto II. schenkte den Besitz der Babenberger dem Vater des späteren Kaisers Heinrich II., samt der mächtigen Burg auf dem heutigen Domberg. Heinrich gab den Besitz seiner Braut, der späteren Kaiserin Kunigunde als Morgengabe weiter. Kunigunde ist bis heute verschrien wegen ihrer ständigen Gegenrede und Zanksucht, sogar im steinernen Hochgrab soll das Gezeter des Weibes bisweilen hörbar werden. Der Reiter muss in der ersten Hälfte des 13. Jahrhunderts entstanden sein. Im hohen Mittelalter also, das so viele Geistesgrößen sowohl in der Politik und dem Herrschaftswissen als auch in der Religion und Dichtkunst kannte. Vielleicht

Der reitende Bamberger

hängt er gar mit der folgenreichen Ermordung des Oberhauptes der Andechs-Meranier zusammen? Manche vermuten auch, der Unbekannte in Stein sei König Philipp von Schwaben, der Ermordete. Spätere esoterisch-völkische Kreise im 20. Jahrhundert sahen in dem schönen Jüngling den idealen Deutschen, aufrecht und vorbildhaft-arisch. Andere halten ihn für den idealisierten staufischen Herrschergedanken oder einen hehren Kreuzritter, der in seinem blendenden Aussehen, dem aufrechten Blick und der gesamten Haltung die Ideale seiner Zeit wie Ehre, Zucht, Männlichkeit, Beständigkeit, Treue und Glaube verkörpert.

Folgen Sie der Blickrichtung des Reiters, diese Raumdiagonale ist mit einer starken Erdkraft-Drachenlinie identisch. Schreiten Sie von hier aus Richtung Krypta, Sie werden, wenn Sie es zulassen, ein hellsichtig machendes Raum-Zeit-Kontinuum durchschreiten. So faszinierend der Reiter stumm dasteht, scheint er die frühe Grundlage eines dunklen und unheimlichen Machtgeheimnisses zu sein, das nicht zuletzt der Gruppe »Geheimes Deutschland« den Namen lieh und hinein bis in den kruden ideologischen Unterbau der so dunklen Seite des 20. Jahrhunderts, nämlich des Nationalsozialismus, reicht. Die geistige Grundlage dieser verqueren Idealisierung im 20. Jahrhundert reicht indes bis in die Zeit der Germanen zurück, nimmt Strömungen des Rittertums mit, wird in der deutschen Spätromantik märchenhaft verklärt, um dann – toxisch angereichert mit Nietzsches Übermenschen und wabernden Wagner-Klängen – die Welt anzuzünden. Doch der Reiter steht, schaut und weiß. Aber er spricht nicht. Und wenn er die Geschichte und deren Verlauf kennen würde und sprechen könnte, dann wäre er sprachlos!

CHARAKTERISTIK Mystisches Eintauchen in steingewordene Geschichte, die weiter besteht.

START- UND ENDPUNKT Domplatz Bamberg. Vor dem Hauptportal.

VERLAUF Eine Kirchentour mit staunendem Verweilen. Keine besonderen Strecken, Aufenthaltsdauer je nach Gefühl. Um den Reiter zu bestaunen, müssen Sie den Kopf in den Nacken legen.

EINKEHR Altstadt, unbegrenzt. Fränkische Küche. Eine angegliederte Bamberg-Tour ist ein Muss: viele anspruchsvolle Kunsthandlungen, Schlenkerla-Bier, das E. T. A. Hoffmann-Haus …

GEHZEIT Fällt bei einem Dom nicht ins Gewicht.

AUSRÜSTUNG Keine. Respektvolle Kleidung, es ist ein Gotteshaus. Auf dem Kopfsteinpflaster der Altstadt feste Schuhe.

56 ULRICHSKAPELLE IN STANDORF

AHNENERBE, OPFERSTÄTTE UND MYTHOS

Unheimlich kann es oft werden, wenn ein Ort (zu Recht oder Unrecht) dem Völkischen zu viel Raum gibt: In Sagen, Mythen, Märchen ist das Völkische klar erkennbar, die Spätromantik tat das ihre, Philosophen wie Nietzsche, die Anti-Schöpfungsgeschichte-Religion des Darwinismus, bald gar ein gärender Wahn des Übermenschen – und die schlimmen Folgen. Hier im fränkischen Standorf ist ein Ort, der solches geradezu provoziert. Die Ulrichskapelle in Standorf ist eine sehr gut erhaltene spätromanische Oktogon-Kapelle (also ein Achteck) im südöstlichen Main-Tauber-Kreis Frankens.

Die genau auf dem fränkischen Jakobsweg erbaute Kapelle hat alles, was den magischen Ort ausmacht. Direkt unter dem Altar entspringt die Ulrichsquelle, der immer schon Heilkraft zugeschrieben wird. Mitte des 13. Jahrhunderts, also zur Kreuzzugszeit, soll der okkulte Bau entstanden sein, verquickt mit fantastischen Meerfräulein- und Quellsagen. Sofort wurde der Platz Kultstätte mit magischer Anziehungskraft – bis heute. Schwere Denk-Cluster wie Ahnenerbe, Fränkische Opferstätte, Nordungen und Urbrunnen wabern weiter

Ahnenkraft hinter dicken Mauern

und das alles deutlich spürbar. Die massive tragende Holzsäule wurde als Irminsul gedeutet, vor allem das spirituelle Vor- und Umfeld des Dritten Reiches fand hier sprudelnden geistigen Quell. Und die den Bau besitzende evangelische Kirche hat bis heute große Sorgen mit einem überhaupt nicht erwünschten, aber mächtigen Esoterik-Besucherstrom. Doch wandeln hierher nicht nur schwärmerische Esoteriker und feiern sich selbst und ihre Ideen, sondern auch handfeste Hardliner des rechten Spektrums sind da. Denn seit den 2000er-Jahren ergingen und labten sich völkische Autoren an dem Orte, machten daraus ein altes heidnisches (!) Quell-Heiligtum. Sogar das Turiner Grabtuch soll in dem Gotteshaus gewesen sein! Ein Wunder, dass nicht der Gral, die Bundeslade, das Goldene Vlies und die Heilige Lanze des Longinus hier gefunden worden sein sollen.

Der nicht endende Strom von verzückten Ahnenforschern und Wünschelrutengängern, noch dazu der hier am ideologischen Lost Place angesetzte dunkle Kriminalroman *Tauberschwarz* brachten die wackeren protestantischen Kircheneigentümer schier zur Verzweiflung. Und doch, der Ort nimmt einen mit! Unheimlich, ja, aber eben auch unheimlich schön und packend. Das gesamte Areal wirkt wie ein tellurischer Trichter, ein geistiger Wirbelsturm nach oben, der alles mit sich saugt. Mit den Anwesenden geschieht etwas, dem sie sich nicht entziehen können, selbst dann nicht, wenn sie vorgewarnt sind und mit dem Willen dagegenhalten. Jeder wird mitgerissen in unheimlich-bizarre Parallelwelten. Sondern Sie sich (wenn es geht) von der Gruppe ab, besuchen Sie den nahen Friedhof. Hier klinken sich aus der Archetypik des kollektiven Urwissens die richtigen und überraschenden Antworten in Ihren Geist.

Tor zum völkisch-magischen Kultort

CHARAKTERISTIK Der Ort hat mehrere Facetten. Das kleine Gotteshaus mit der Irminsul, der magische Ort mit spürbarer Energie – und die Überlagerung durch völkisch angehauchte Spinner. Aufregende Mischung. Jede Art von Gruppendynamik wird hier besonders aktiviert.

START- UND ENDPUNKT Portal vor der Ulrichskapelle. Noch energetisch passender: der kleine Friedhof in Sichtweite.

VERLAUF Kirchenbesuch der besonderen Art mit völkischer Esoterik.

EINKEHR In unmittelbarer Umgegend keine. Aber man ist in Franken ...

GEHZEIT Fällt nicht ins Gewicht, ca. 1 Stunde.

AUSRÜSTUNG Keine. Respektvolle Kleidung, es ist ein Gotteshaus.

57 FESTE JOHANNISBURG IN ASCHAFFENBURG

DER SPUK EINES UNERLÖSTEN KIRCHENFÜRSTEN

Hochherrschaftlich in rotem Sandstein dominiert die Feste Johannisburg die Stadt Aschaffenburg. Der Ort strahlt schon von Weitem her Macht aus, Würde – aber auch gewesene Gewalt. Unter der Burgmauer findet sich eine malerisch schöne Stelle des Mainufers, die über eine dunkle Sage, die hier im Burgkeller spielte, nachdenken lässt: Vor gut fünfhundert Jahren herrschte ein Uriel von Gemmingen auf dem Stuhle des Erzbischofs von Mainz. Hochintelligent, strebsam, machtgierig, böse. Wer unter seinem Namen nachforscht, der findet, dass Uriel ein fanatischer Vertreter von Zölibat, Zucht und strengster Kontrolle des Klerus war. Fanatisch, die Buchstaben des Gesetzes penibel auslebend, ein Pharisäer – und dazu noch extrem jähzornig. Selbstgerechte Zornausbrüche empfand er als gottgefällig. So weiß die Sage zu berichten: Der Kirchenfürst fand im Weinkeller der Festung einen Kellermeister, der sich offensichtlich zum eigenen Wohl bediente. Der trank ein Glas nach dem anderen von dem guten Wein, der dem Herrscher vorbestimmt war. Dem cholerischen Kirchenfürsten wurde vor Wut schwarz vor Augen. Nicht nur Mundraub war dies, nein vielmehr in der verqueren Wahrnehmung des Diktators: Amtsanmaßung, Kompetenzüberschreitung, Frevel gegen Gottes Gebot »Du sollst nicht …!« Genau so war es: Er war Gott, der andere hatte von der verbotenen Frucht gegessen.

Also Strafe, gerechte Strafe! In einem Wahnanfall von gerechtem Zorn, den es übrigens nicht gibt (Zornhandlungen sind nie gerecht, können es gar nicht sein), nahm er einen schweren Hartholz-Schlegel und zertrümmerte dem Kellermeister mit mehreren wuchtigen Hieben den Schädel. Tot lag der Arme nun vor dem Frevler, die aus dem Haupt des Erschlagenen sich verbreiternde, dunkle Blutlache soll den Kirchenmann dann doch zur Einsicht gebracht haben. Aber zu spät. Er sah sich nun wieder als das, war er wirklich war: ein Mörder, zumindest ein Totschläger.

Der Geist des Umgebrachten wirkt bis heute in der Festung. Denn eine Gewalttat bleibt der Örtlichkeit immerzu einbeschrieben, jede Geistergeschichte weiß davon und ist immer mit genauer Ortsangabe belegt. Und das spürt der fühlige Besucher hier auf dem Areal der Feste Johannisburg hoch über Aschaffenburg.

Macht, Nacht und eine Gewalttat

Nach solchen Geschichten und Überlegungen geht's hinauf zur Burg. Man beginnt die Besichtigung am besten, indem man an der beschriebenen Stelle nahe dem Mainufer den Aufstieg beginnt und, erst dem Mainufer zugewandt, diese blutrote und bedrohlich hohe Mauer entlangläuft. Bald kommt eine Freitreppe, die am herrlichen Kräutergarten vorbeiführt. Höhepunkt ist ein bald auftauchendes, barockisierendes Sandstein-Tor. Es scheint ohne Funktion, wirkt aber wie ein Brennglas der Macht. Der Blick von hier aus ist herrlich. Die Symbolik gemahnt indes Magie und verborgenes Herrschaftswissen. Obelisken mit insgesamt acht Ecken, dieses Tor ist nicht körperlich, also nur materiell zu verstehen. Es führt nach innen, ins eigene Ich. Doch auch in den Abgrund der Seele. Wer rein in seinem Denken ist, der kann hier fliegen. Wer aber seelische Altlasten mitbringt, der begegnet … dem dunklen und unheimlichen Geist der Festung von Aschaffenburg.

CHARAKTERISTIK Ausgiebige Festungstour mit Anstieg vom Mainufer her. Sie begegnen, nicht erst bei dem magischen Tor, sich selbst – und auch den Abgründen der eigenen Seele. Andererseits, der Überblick lässt Sie fliegen.

START- UND ENDPUNKT Bootsanlegestelle am Main, direkt unterhalb der roten Burgmauer.

VERLAUF Rauf und runter, viele Innenhöfe. Treppensteigen gehört hier zum Kraftort-Erleben.

EINKEHR In der Stadt Aschaffenburg zahlreiche empfehlenswerte Lokale.

GEHZEIT Ca. 1 bis 2 Stunden. Längeres Verweilen an bestimmten Stellen nicht ausgeschlossen.

AUSRÜSTUNG Keine besondere. Es kann windig sein dort oben.

58 RITTERKAPELLE VON HASSFURT

WILDE GESTALTEN AUS SAGE UND MITTELALTER

Sie werden beobachtet vom steinernen Mann! »Ritterkapelle«, so ein hinweisender Name, lässt schon viel Geheimnisvolles ahnen. Der hochgotische, steil aufragende Sandsteinbau tut ein Übriges. Hier waren und sind geheime Bruderschaften am Werk, teils offen und teils verborgen agierend – wie immer. Der Chor im Inneren trägt am Dachansatz einen umlaufenden Bogenfries mit 230 Wappenschildern deutscher Adelsgeschlechter. Der Kulttempel bedeutet also einen faszinierenden Brennpunkt alten Herrschaftswissens. Lockend, hochgotisch-ästhetisch und unheimlich zugleich. Die nähere Umgegend der Haßberge zeugt mit über vierzig Burgen oder Burgruinen von der Zeit des mittelalterlichen Rittertums, und natürlich ebenso von Macht und Gewalt. Spätestens in karolingischer Zeit hat das Maintal sich zum Christentum bekannt, so berichtet es die Geschichtsschreibung.

Schon beim Eintritt in die Kapelle gemahnt das Tympanon über dem Spitzbogen an den Zug der Heiligen Drei Könige, an Kreuzzüge und die sogenannte Landnahme der Heilsgeschichte. Nicht nur unheimlich, sondern erschreckend: der Haupteingang, das Westportal. Denn über dem inneren Torbogen, genau über dem Beobachter also, spannt sich im Halbdunkel ein über dem Eintretenden eingespreizter Mann. Er beobachtet mit stierem und bannendem Blick den Besucher unter sich. Schützt er oder droht er? Halbnackt, Ritter ohne Rüstung, trägt das steinerne Gespenst eine Mütze, die Scham bleibt mit Blattwerk verdeckt, zudem hält er Waage und Kanne.

Der bedrohliche, wilde Mann wird auch Tugendmann genannt, der linke Fuß ruht auf einem Löwen, der rechte auf einem Drachen …

Vielleicht hilft die Sage von der »Wilden Jagd am Main« weiter? Da hörte der Fährmann ganz in der Nähe am Wasser in einer wolkenverhangenen Novembernacht donnerndes Huftrampeln, Poltern, unbändiges Geschrei: »Hol uns hinüber …!« Immer wieder das Gezeter. Er ging zu seinem Kahn, aus den Ufernebeln quollen ungestüme Massen undefinierbarer Wesen, die sich wie irrsinnig gebärdeten. Der Kahn sank fast, des Übergewichtes wegen, auf der Mitte des Stromes. Doch das scherte keinen. Endlich übergesetzt. »Was ist unsere Schuldigkeit?«, kam ein Ruf aus der Horde. »Nichts«, meinte der Fährmann. »Die richtige Antwort.« Die entfesselte Horde brauste davon, es war Wotans wilde Jagd. Tags drauf hing über dem Bett des Fährmannes ein saftiger Pferdeschinken. Vorchristlich, urig, wild und so schön heidnisch das alles.

Strahlende Mauern – dunkle Sagen

Wie wohl auch der wilde Mann aus Stein, der sich in der Ritterkapelle über dem Besucher einspreizt. Sie werden beobachtet! Lange schon vor der modernen Überwachungstechnik. Vorsicht mit Ihren Gedanken an dieser Stelle, denn es schaut ganz so aus, als würde – genau hier – nicht nur Ihr Körper gesehen werden, sondern auch all das, was Sie denken. Da in der näheren Umgegend der Haßberge so auffallend viele Burgen, Burgruinen, alte Türme aus der sagengebärenden Zeit des Mittelalters stehen, weist die Gegend dunkle Sagen auf, die zumeist mit dem Teufel, dem Teufelsbund, mit Teufelssteinen und bizarren Spielen zwischen Teufel und Ritter zu tun haben. Vielleicht ist der Beobachter über dem Eingang der Ritterkapelle ein verwunschener Höllengeselle?

CHARAKTERISTIK Kirchenbesichtigung mit Erschrecken. Man fühlt sich nicht nur beobachtet, man wird es auch. Sogar Ihre Gedanken werden abgelesen. Vorsicht also.

START- UND ENDPUNKT Vor der Ritterkapelle weiter Platz. Gute Parkgelegenheiten.

VERLAUF Wie bei jeder Kirchenbesichtigung. Ein Umgang außen mit Erstaunen über die filigrane Hochgotik ist wichtig. Das Zwielicht im Inneren kann in mystizierende Trance versetzen.

EINKEHR Recht gute Lokale in der Nähe.

GEHZEIT Fällt nicht ins Gewicht.

AUSRÜSTUNG Stadtkleidung genügt, je nach Jahreszeit. Trotz allem Spuk ein Gotteshaus. Angemessene Kleidung. Obwohl der wilde Mann über dem Eingang halb nackt ist …

59 FESTUNG ROSENBERG BEI KRONACH

BAPHOMET UND FRANKENSTEIN

Macht und Herrschaft. Zu allen Zeiten unheimlich und faszinierend zugleich. Dazu ein gigantisches Einlasstor, das wie ein überdimensionaler Schlund wirkt. Von der unteren Altstadt aus beginnt der Aufstieg zur Macht und zum Verborgenen, das hinter wuchtigen dunklen Mauern auf uns wartet.

Im Jahre 1003 wird Kronach erstmals als urbs crana erwähnt. Eine lange Geschichte, die energetische Spuren hinterlassen hat. Im Gehen auf die Feste zu öffnen sich Denk-Cluster, ein hier ortseinbeschriebenes Denken und Handeln vergangener Jahrhunderte. Doch immer dräut etwas Unheimliches: das Spiel der Macht.

Nach dem Melchior-Otto-Platz und der Ehrensäule mit dem Stadtwappen in Silber, Rot und Grün geht der Weg an der gut gesicherten JVA Kronach vorbei. Eine Justizvollzugsanstalt verursacht stets Angst, nicht zuletzt wegen der sichtbaren Sicherheitsbaulichkeiten wie Stacheldraht und elektronische Beobachtung. Weiter. Angekommen an dem überdimensional-wuchtigen Festungsbau: beim Tor der Macht. Ein riesiges Ein- und Auslasstor mit zahllosen okkulten Symbolen, die dem Kenner bedeuten: Hier waltet neben der sichtbaren Ebene ebenso das Unsichtbare, aber umso Gefährlichere! Ein Tor wie ein verschlingender Schlund, die dunkle Einlassrundung überragende Giebel flankiert von schlanken Pyramiden, dreimal das Rosenkreuzer-Symbol mit fünf (!) Blättern. Und damit alles klar ist, direkt über dem seelenfressenden Eingang: Baphomet. Zwei Löwen bewachen das Wappen, die Zirbeldrüse ist unübersehbar und gemahnt an das dritte Auge, nämlich die Hellsichtigkeit.

Eine der größten Festungsanlagen Deutschlands nimmt uns nun auf, vollkommen erhalten, niemals von Feinden eingenommen, mit unglaublich dicken, schwarzdunklen Steinmauern. Von oben betrachtet, bildet die gesamte Anlage ein Pentagon, ein Fünfeck also. Der fünfzackige Stern, Symbol des Okkulten, des Machthungrigen. Kein Zufall, dass das amerikanische Verteidigungs- (das Kriegs?)-Ministerium der USA ebenfalls ein Pentagon darstellt und auch so heißt.

In den weiten Innenhöfen zwingt grobes Kopfsteinpflaster zum vorsichtigen Gehen. Die uneinnehmbare Festung ist dann 1888 von der Stadt Kronach erworben worden. Einmal im Inneren der Mauern, führt ein Weg spiralförmig zum Bergfried, dem Hauptsöller. Sie können ein unterirdisches Gängesystem finden, in dem zu vorgegebenen Zeiten Führungen abgehalten werden. Die Energien dort sind aber gar zu unheimlich. Soll doch, so wissen es alte Quellen zu berichten, die Gesamtanlage auf einem alten germanisch-heidnischen Heiligtum stehen. Und die Forschung weiß zudem: Die zur nördlichen Feindseite hin gelegenen Vorwerke und Erdwälle ließ ein Philipp Anton von Frankenstein errichten. Steinwälle, Macht und Herrschaft, das alles in Franken … kommen gar die Ahnen des besessenen, romangebend-wahnsinnigen und monsterschaffenden Arztes Dr. Viktor Frankenstein von hier?

Ein anderer großer und Jahrhunderte übergreifender Geist stammt in jedem Falle aus Kronach. Das ist der Renaissancemaler Lucas Cranach der Ältere. Der wurde 1472 unterhalb der Burg geboren und nannte sich dann nach seiner Heimatstadt.

Vielleicht Frankensteins Burg?

CHARAKTERISTIK Burgwanderung mit weiten Wegen und großem Staunen. Das Unsichtbare hat hier gewaltige Macht. Und diese Macht der Jahrhunderte macht etwas mit dem Besucher. Man vermutet hinter jeder Mauerbiegung eine Wesenheit.

START- UND ENDPUNKT Untere Altstadt Kronach, Melchior-Otto-Platz.

VERLAUF Durch die malerische Altstadt nach oben, dann vor der monumentalen Burg stehend, durch das Schlundtor in den magischen Innenbereich; im Inneren langes Verweilen zwischen dicken Mauern.

EINKEHR Altstadt, Gasthof Brauerei Ausschank, am besten die heimische Frankenwaldforelle wählen.

GEHZEIT Insgesamt 2 bis 3 Stunden.

AUSRÜSTUNG Je nach Wetter, Turnschuhe genügen.

Region V

NIEDERBAYERN UND OBERPFALZ

60 STEINERNE BRÜCKE IN REGENSBURG

RITUALPLATZ VON OKKULTISTEN

Der Teufel in entfesseltem Zorn zerfetzt einen Vierbeiner in der Luft! Kein Fall für heutige Hundeliebhaber, die ausgewähltes Dosenfutter kaufen. Aber in Zeiten der Sage und des Baues der Steinernen Brücke zu Regensburg war so etwas möglich. Man muss hier gestanden und die Kraft des Ortes in sich aufgenommen haben. Sowohl auf der Brücke als auch am Ufer, neben den ruhig dahinfließenden Wassern der Donau, unter einem der weiten Rundbögen. Wer Sinn dafür hat, entdeckt auch die Spuren von Ritualen der besonderen Art … Denn der Teufel war hier schon immer mit im Spiel. Ob es daran liegt, dass Regensburg Bischofsstadt ist? Allein der Katholizismus hier hat schon unheimliche Dimensionen: 55 Kirchen, Kapellen und Klöster. 55, das bedeutet allerdings keine heilige Zahl.

Die Steinerne Brücke, ein Wunder an genialer Baukunst und Haltbarkeit, sie ist 312 Meter lang, sieben Meter breit und überspannt, auf 15 granitenen Bögen ruhend, den gewaltigen Donaustrom. Da schon im hohen Mittelalter, nämlich 1135, mit dem Bau begonnen wurde, gilt das Bauwerk zurecht als älteste erhaltene Brücke Deutschlands. Damals war sie die einzige Donaubrücke zwischen Ulm und Wien (!) und – beide Arme der Donau überbrückend – letztlich ein Wunder ihrer Zeit.

Die dunkle und unheimliche Sage weiß um diesen so magischen Ort: Die beiden Baumeister der Brücke und des Regensburger Domes stritten, wer als erster sein Werk vollenden würde. Beide waren Genies der Berechnung und auch der Planung, aber eben recht ehrgeizig. Denn die Bauzeit beider Baudenkmäler fällt überraschend eng zusammen. Das emporstrebende Werk des Dombaumeisters schien allerdings unter einem viel besseren Stern zu stehen. Oder hatte der Meister einen noch tüchtigeren Teufel als Hilfskraft zur Hand? Der zweite Baumeister, dem die steinerne Donaubrücke anvertraut war, erlitt einen herben Rückschlag nach dem anderen, denn die Donau riss immer wieder wichtige Stützpfeiler mit sich fort. Der Dom hingegen wuchs beeindruckend in die Höhe. Und sah bald so erhaben und herrlich aus, wie man ihn heute noch kennt. Da verband sich der ehrgeizige, gedemütigte und ruhmbesessene Brückenbaumeister mit wem? Klar, dem Teufel. Er brauchte nicht lange zu suchen und zu bitten, denn der Teufel ist schnell zur Hand, wenn die menschliche Seele eine deutliche Schwäche zeigt. Hier eben war's der Ehrgeiz, die Ruhmsucht. Der Teufel aber hatte einen teuflischen Vertrag aufgesetzt, wir kennen das schon … Er wollte, als Gegengabe zu seiner höllischen Hilfsleistung am Brückenbau, die erste Seele haben, die über das Jahrtausendbauwerk laufen würde. Jedermann weiß, dass bei feierlichen Einweihungsakten die wichtigsten Würdenträger, die Promis der Zeit, die ersten sind. Der Bischof wohl? Natürlich. In der ur-katholischen Stadt Regensburg wäre der Bischof der erste Brückengänger, und der Teufel hätte seine Seele! Bei der Einweihung indes riss der Pudel des Baumeisters sich los und rannte mit heraushängender Zunge über die Brücke. Der Bischof und alle Ehrengäste standen da und wunderten sich. Und dann! Blind vor Wut, zerfetzte der Teufel den armen Vierbeiner in der Luft. Der Bischof bekreuzigte sich und lobte den Herrn.

Brücke und Dom: beides verteufelt?

CHARAKTERISTIK Ein steinernes Denkmal mit dem Hauch des Ewigen. Sie fühlen die bannende Statik des Könnens einer Zeit, da Bauwerke nicht nach 30 Jahren baufällig waren und saniert oder abgerissen werden mussten.

START- UND ENDPUNKT Altstadtseite der Steinernen Brücke.

VERLAUF Hinterher ein Gang ohne Zeitbegrenzung in die Altstadt. Dom besichtigen, shoppen, fein essen …

EINKEHR Die Altstadtlokale sind Legende.

GEHZEIT Hin und über die Brücke ca. 30 Minuten, mit Altstadt-Tour unbegrenzt …

AUSRÜSTUNG Im Sommer darf's luftig sein mit Turnschuhen. Je nach Wetter halt. Kein nennenswerter Anstieg. Man kann in Regensburg gut einkaufen – Geld mitnehmen.

61 BURGRUINE WEISSENSTEIN

VON DER EINGEMAUERTEN ZUR WEISSEN FRAU

Hoch oben auf dem magisch fluoreszierenden Pfahl-Gestein, auf der höchsten Erhebung mit 758 Metern, da thront die hehre Burg mit den so unverwechselbaren Umrissen und der sowohl drohenden als auch lockenden Silhouette. Die dunkle Historie sagt, Weißenstein sei im 12. Jahrhundert, also im hohen Mittelalter, der Hochzeit der Kreuzzüge, zum Schutz eines Handelsweges des Grafen von Bogen errichtet worden. Genau auf dem leuchtenden Gesteinsband des Pfahl. Der läuft auf einer Länge von ca. 150 Kilometern von der Oberpfalz bis zum unteren Bayerischen Wald. Als vor rund 300 Millionen Jahren bei einem gewaltigen Erdbeben die Erde aufbrach, da ist flüssiges Siliziumdioxid herausgequollen, das heutige milchig-weiße Pfahlgestein.

Gehen Sie hin und spüren Sie, hinter dem so seltsam faszinierenden Rumoren im Unterbewusstsein, wie es jede alte Burgruine auslöst, die enorme Kraft des Ortes. Auch das Zeitenloch ist wahrnehmbar. Magische Orte bewirken manchmal Raum-Zeit-Verschiebungen, wie etwa der Untersberg bei Berchtesgaden. Die Burgruine

Mauerreste mit schwarzem Geheimnis

Weißenstein überragt das Land, herrscht heute noch. Es geht um Macht. Der Ungeist der Burg ist jedem Fühligen durch inneres Frösteln erfahrbar.

1742, im Österreichischen Erbfolgekrieg, wurde das zugleich faszinierende und dennoch so verwunschene Gebäude dem Erdboden fast gleichgemacht. Ab dem 19. Jahrhundert sind Sanierungen verzeichnet. 1974 übernahm die Stadt Regen die Ruine, es folgten Ausbesserungen. Im gesamten Umfeld der dicken Mauern herrscht eine faszinierende Mischung aus Dominanz, Übersicht – und eben auch einem grausamen, rituell inszenierten Mord (übrigens: nicht nur einem einzigen!).

Das Einmauern lebendiger Personen gebiert Schauersagen, zumeist historisierende Ortssagen. Dieser extrem unmenschliche Ritualakt ist wegen der Grausamkeit Legenden bildend. Jeder Sage ist mehr denn ein Körnchen Wahrheit inne: So soll die Burgherrin ihre neugeborenen Siebenlinge zum Ertränken freigegeben haben. Alle wurden gerettet, einer kehrte zurück. Das Selber-Sprechen des Urteils erinnert an eine bekannte Märchenstruktur. Auf die Frage des Burgherrn, was mit einem Menschen geschehen solle, der die eigenen Kinder umbringen lässt, antwortet seine Frau, man solle die Person, die so etwas tut, lebendig einmauern. Daraufhin wurde sie tatsächlich eingemauert. Die Unglückliche soll noch heute als weiße Frau in der Ruine zu sehen sein.

Lassen Sie dies alles geistig in sich hineinsickern. Am besten am Ort der Sage, im Umfeld der Burg also. Und stellen Sie sich vor, was da geschah. Sehen Sie die weiße Frau als Vision am sprechenden Mauerwerk der Burgruine: Die Frau ist da, geht um.

Eine eingemauerte Frau, doch wo?

CHARAKTERISTIK Burgbegehung mit hölzernen Freitreppen, Weitsicht im Wortsinne, eine echte Gruselwanderung. Wer einmal da war, muss immer wiederkehren.

START- UND ENDPUNKT Vor der Treppe, die zur Burg hochführt.

VERLAUF Rundgang, oft steile Treppen, Tor ab der Mitte nicht immer geöffnet. Direkt unterhalb der Burg lässt sich's auf dem sichtbaren Pfahl in nördlicher Richtung entlang wandern. Quarz, Flimmer, Wurzelwerk, Natur pur ... und Gedanken um die böse Tat am Kraftort.

EINKEHR Am besten wieder in den Ort Regen, dort feine bodenständige Lokale.

GEHZEIT Ca. 1 Stunde.

AUSRÜSTUNG Mindestens Turnschuhe. Es kann oben windig sein.

Umseitig: Der Glaswald vor der »Mordburg« Weißenstein

62 DIE SCHWARZE FRAU

AUF DER SUCHE NACH OPFERN IM BAYERISCHEN WALD

Eine unheimliche alte Frau neben der Fahrbahn! Und das in dieser einsamen Gegend. Dann! Sie sitzt urplötzlich im Auto hinter dem Fahrer, stakst ihren kalten Knochenfinger in seinen Rücken und spricht ihn an. Der verreißt das Steuer im Todesschreck und knallt an den nächsten Baum. Die Todesbotin hat wieder ihr Werk getan. Zwischen Freyung und Waldkirchen sollte man die Verbindungsstraße meiden, auch heute noch! Das gilt nicht weniger für die westlich verlaufende und berüchtigte B12.

»Die schwarze Frau tauchte in den ersten Monaten des Jahres 1975 im unteren Bayerischen Wald als eine Geisterscheinung auf. Sie fuhr angeblich als Anhalterin in Autos mit und erzählte den Fahrern von einem bluadigen Herbst …«, so eine ernstzunehmende Quelle. Nicht nur, dass die seltsame Alte wirre Prophezeiungen von sich gab, es passierten überdurchschnittlich oft tragische Unfälle, an kerzengeraden Streckenabschnitten und ohne Fremdeinwirkung. Und immer wieder erschien sie, stets in negativer Mission. Später wurde sogar das »Sehen« der Frau von der Polizei verboten, es drohte Führerscheinentzug (Halluzinationen!), wenn nicht gar die Einweisung in eine geschlossene Anstalt. Es klingt ja auch wirklich »besetzt«, wenn man zu Protokoll gibt, die Geisterfrau sei einem begegnet …

Magische Orte können positiv oder negativ auf den Fahrer einwirken, sie schenken Lebenskraft oder zerren an dieser. Und bestimmte Orte und Strecken rauben gar

Herbstliche Idylle statt »bluadiger Herbst«

die vitale Lebenslust, sie saugen am Vorbeikommenden durch ein tödliches Energievakuum. Später wird der Verunglückte sagen: »Da war eine dunkle Gestalt, die wollte einsteigen …« Denn das Unterbewusstsein schafft Wirklichkeiten, die weit über das rational Erfassbare hinausweisen. Wer also seelisch im Grenzbereich ist, eine schlechte Lebensphase zu durchmessen hat, Enttäuschungen erleben musste, wer gar Alkohol oder Tabletten zu sich nimmt, der sollte solche Strecken unbedingt meiden! Denn neben den weißen Frauen, die es zumeist bei einer spukhaften Erscheinung bewenden lassen, sind die schwarzen Frauen handfeste Unglücks- und Todesboten. Und es kann unmöglich nur Zufall sein, dass an bestimmten Stellen von Bundesstraßen und Autobahnen so spektakuläre und tragische Unfallhäufungen zu registrieren sind.

Besonders gefährlich (neben ähnlichen Unfallhäufungsstrecken im Chiemgau und Berchtesgadener Land, besonders zwischen dem Salzbergwerk und Grödig, unmittelbar im Untersberg-Strahlungsbereich) ist folgende Bayerischer-Wald-Streckenabfolge: Wegscheid, Hauzenberg, Waldkirchen, Freyung, Grafenau, Spiegelau, Regen. Zumeist ist's eine Wiedergängerin, eine Unerlöste. Auch hier schafft das Unterbewusste sichtbare Wirklichkeiten, ist doch immer an dem Ort etwas Seltsames vorgefallen. Gewalttaten bleiben einem Ort für immer einbeschrieben.

Übrigens: Weiße Frauen bevorzugen Burgen, Schlösser, weite Hallen mit hohen Decken. Vornehme Adelsorte also, mit viel Platz und entfaltbarer Fantasie. Selten sind die Gespenster in Arbeiterwohnungen mit Platznot zugange! Das Gespenst der Armut duldet wohl keine anderen Ungeister.

CHARAKTERISTIK Eine Waldtour mit selbst erfühlbaren Geisterstellen. Aber Vorsicht, vor allem im Bereich Freyung und Grafenau. Obwohl alles nur Sage und Überlieferung ist – die heftigen Unfälle an den entsprechenden Stellen sprechen eine eigene Sprache.

START- UND ENDPUNKT In dem Falle: Sie fühlen es. Zum Beispiel die Ruselbergstrecke. Oder die Linie Vilshofen, Hengersberg, Regen, Viechtach, Waldmünchen.

VERLAUF Siehe oben.

EINKEHR Fast überall im »Wald« bodenständige Gastronomie. Und sehr normale Preise, wenn man mit München vergleicht.

GEHZEIT Geh- und Fahrzeit in dem Falle unbegrenzt. Lassen Sie sich von keiner Geisterfrau aufhalten!

AUSRÜSTUNG Besser leichte Bergschuhe. Gegebenenfalls einen Regenschirm. Zur Abwehr?

63 WALLFAHRTSKIRCHE GARTLBERG

TOD UND AUFERSTEHUNG ÜBER PFARRKIRCHEN

Eine Grabeskirche erleben? Tod und Auferstehung nachfühlen? Den Schauer des unsagbaren Mysteriums zwischen den Welten des Hier und des Dort selbst fühlen! Besuchen Sie die Wallfahrtskirche Gartlberg hoch über Pfarrkirchen in Niederbayern. Überall in Pfarrkirchen gut ausgeschildert lesen Sie »Gartlberg«. Schon der Weg nach oben nimmt Sie seelisch mit. Der Ankommende hat am Ende des Kreuzweges einen herrlichen Überblick, nicht nur über das Rottal, sondern auch über sein eigenes Leben.

Oben auf dem Heiligen Berg Niederbayerns, im Inneren der Kirche angekommen, müssen Sie sich im Wortsinne klein machen: Denn hinter dem Hochaltar findet sich der Durchschlupf zur Nachbildung des heiligen Grabes von Jerusalem. Für den, der sich die körperliche und mentale Mühe macht, wird viel versprochen! Nämlich: Ein Komplett-Nachlass der Sünden, ein Rundum-Ablass gar. Keine schlechte Vorstellung, dass einem mit einem Schlage alles vergeben sei. Aber so leicht ist es dann doch nicht – für den, der ein Gewissen hat. Sie werden sich nämlich hier oben der eigenen Sünden richtig bewusst. Ihre Vergangenheit holt Sie ein. Und das macht den Besuch im mentalen Zwischenbereich der Gartlberger Grabesgruft so unheimlich.

Die Doppelturmkirche dominiert weithin sichtbar den Gartlberg, einen ausgewiesenen magischen Ort, der zugleich – und sicher gewollt – eine erhabene Ergänzung des magischen Hügel-Dreigestirns

Draußen weht der kalte Todeswind …

Gartlberg, Galgenberg (!) und Reichenberg darstellt. Sie können mit dem Auto hochfahren, besser ist aber der steile Treppenfußweg, immer an den Kreuz- und Passionsstationen entlang. Eine Tafel oben neben dem Hauptportal sagt alles: »Wallfahrtskirche zur schmerzhaften Muttergottes auf dem Gartlberg. Erbaut 1661–1713.«

Der aufstrebende Christus auf dem Altarblatt der Kirche wird von Engeln geradezu nach oben gerissen. Obwohl Sie die aufwärts ziehende Ortsenergie spüren – da ist eben immer auch etwas Drückendes: das Leiden vergangener Jahrhunderte, wie es genau hier transformiert worden ist.

Der Gartlberg heißt eben auch, und nicht zu Unrecht, Kalvarienberg. Seit den Schrecken des Dreißigjährigen Krieges und der Pestzeit wurde er ein Ort des Friedens und der Heilung für zahllose Pilger, die mit ihren Sorgen und Nöten hierhergekommen sind. 1725 hat man für die Padres am Fuß des Gartlberges ein eigenes Hospiz gebaut.

Derart vorbereitet, wagen Sie den Einstieg in die Gruft und damit ins eigene Ich: links vom Altarraum ein Schild: »Heiliges Grab. Beim Besuch desselben gewinnt man die gleichen Ablässe wie beim Besuch des Heiligen Grabes in Jerusalem.« Jetzt durch eine niedrige Pforte. Der Kreuztonnenraum führt weiter durch eine richtige Bück-Mauerluke. Sie müssen sich wirklich körperlich klein machen. Im mystischen Halbdunkel liegt da der Gekreuzigte im dreitägigen Tempelschlaf. Karfreitags-Zauber. Aber! Etwas Unaussprechliches packt Sie hier mit der kalten Hand des Geheimnisses: Tod und Leben, Werden, Sein, Vergehen. Wenn es ein kalter Wintertag ist, und beim Rückweg der schneidende Wind Sie trifft, dann frösteln Sie nicht nur wegen der Temperaturen.

CHARAKTERISTIK Der seltsame Grusel von urkatholischen Wallfahrtsorten. Teils Heilung, Glaube, Zuversicht, teils unendliches Leid, das Bedürftige seit Jahrhunderten hierhergetragen haben.

START- UND ENDPUNKT Entweder der kleine Parkplatz oben direkt vor der Kirche oder unten am Fuße des Zu-Fuß-Kreuzweges.

VERLAUF Den Durchschlupf ins dunkle Innere der Grabeshöhle sollten Sie nicht versäumen, um das Unheimliche zu erleben.

EINKEHR Pfarrkirchen hat herrliche Gast- und Steakhäuser, wie übrigens das gesamte Rottal.

GEHZEIT Ca. 2 bis 3 Stunden mit Aufstieg und Abstieg. Auch oben viele nahe liegende Ziele.

AUSRÜSTUNG Turnschuhe genügen. Im Winter aber feste Schuhe (Eis) und windfeste Kleidung. Denn: schneidender Wind, Sie sind ja da, wo's am meisten zieht.

64 DORFKIRCHTURM VON SCHILDTHURN

UNHEIMLICHE UND WUNDERSAME GESCHICHTEN

Wie eine Festung ragt der höchste Dorfkirchturm von Deutschland (!) in den Himmel«, das schrieb die SZ anerkennend in einem Artikel, der nicht zu Unrecht die wundersamen Geschichten hier in Niederbayern erwähnt. Manchmal strahlt die helle Sonne durch zwei Rundfenster genau auf die Altarmadonna … genauer gesagt: Am 1. Mai um 19.20 Uhr und am 31. Mai um 20 Uhr: Zu den Marien-Andachtszeiten wird das Allerheiligste samt Madonna illuminiert. Zufall? Eher unheimlich. Und vollkommen unerklärlich: Der so schlanke und hohe Turm hat keine Öffnungen in der Turmwand, dennoch diese Riesenglocken im Inneren – wie ist das möglich? Dunkle und von kruden Geheimnissen durchwobene Geschichten gehören zu diesem Himmelsnadelbau ebenso wie die rötlichen Tuffsteine. 1937 konnte die 700-Jahr-Feier wegen der Nazis nicht stattfinden. Wahrscheinlich wussten die damaligen Machthaber um die enorme Kraft des Ortes, die sie in diesem Falle aber nicht für sich vereinnahmen konnten.

So unheimlich die Hintergründe von Schildthurn sind, es geht hier immer um Geburt und um Leben, damit um Gottes grandiose Schöpfungsidee. Und dies ist ein magischer Ort von alters her. Erdkraft wabert in dem Bau. Vielleicht wurde deshalb hier der alte symbolhafte Brauch des Wiegenschutzens berühmt. Was für eine herrliche Benennung, Wiegenschutzen, das bedeutet: eine Wiege mit einem Baby drin hin- und herschaukeln. Frauen mit Kinderwunsch bewegten dabei eine zumeist geweihte Holzwiege. Die Macht der Gedanken! Aber es war der Ort, der den Kinderwunsch erfüllte. Unzähligen Paaren, die mit starkem Kinderwunsch hierherkamen und an dem sympathischen Ritual teilnahmen, wurde der Herzenswunsch erfüllt. Sie bekamen Nachwuchs. 1870 musste auf Geheiß des Passauer Bischofs Heinrich die Wiege entfernt werden. Seitdem werden kleine Silber- oder Goldwiegen als Votivgabe gespendet.

Die Zauberkirche ist dem Heiligen Ägidius geweiht, ein Einsiedler und Abt (700 nach Christus in Südfrankreich). Der gilt als Patron der stillenden Mütter. Ihm zur Seite die berühmten drei Bethen: Einbeth, Warbeth und Wilbeth. Weibliche Urkraft der Mutter Erde und des Lebens, sowohl des Werdens als auch des Vergehens. Denn auch die Tödtin gehört zu den drei Bethen, es ist die schwarze Frau.

Kraftort der Wunscherfüllung

1076 wird Schildthurn als sciltaren erstmals urkundlich erwähnt, 1221 und nochmals in dieser Schreibweise genannt. Weithin sichtbar der Wolken kratzende Turm mit sichtbarem Linksdrall: 50 Meter Sandsteinmauerwerk, dann nochmals 30 Meter das spitz zulaufende, linksrum gewundene Turmdach. Es schraubt sich in den zumeist tiefblauen Bayernhimmel wie ein Zeigefinger Gottes, der zur Beachtung der Schöpfungsidee mahnt. Im Südosten neben der Apsis finden Sie den stärksten Kraftortpunkt. Eine Stargate-Stelle, die Ihnen augenblicklich das Gefühl gibt, nach oben getragen zu werden. Stellen Sie sich in diesen tellurischen Trichter. Unheimlich, die hier generierten Gedanken. Der hier Stehende wird prophetisch und weitblickend im Wortsinne; er schaut dann die Welt von oben an, vorausahnend, was kommt. Zeiten überbrückende, oft erschreckende Zukunftsvisionen stellen sich ein.

CHARAKTERISTIK Kraftort mit Wundern und dunklen Begebenheiten. Vorsicht. Sie können sich in vergangene Denkformen einklinken, auch ohne zu wissen, was mit Ihnen geschieht. Dann wundern Sie sich über Ihre eigenen Gedanken und Ideen.

START- UND ENDPUNKT Straßenbiegung direkt vor der Südseite der Kirche, wenn Sie von Zeilarn herkommen.

VERLAUF In die Kirche, vor der Apsis und den kleinen Wiegen staunend, und in jedem Falle außen herum.

EINKEHR Im nahen Zeilarn bemerkenswerte Landgasthäuser.

GEHZEIT In und um die Kirche ca. 1 Stunde, mit sinnendem Verweilen.

AUSRÜSTUNG Keine besondere. Eine Kirche sollte man stets einigermaßen würdig betreten.

65 AUNHAMER NEKROPOLE BEI BAD BIRNBACH

KELTISCHE TOTENSTADT MIT SELTSAMEN GERÜCHTEN

Keltische Totenstadt! Eine sogenannte Nekropole mit vielen Geheimnissen. Die hölzernen Hinweisschilder sprechen lediglich von Hügelgräbern. Doch ein ortsansässiger Großbauer erzählt, dass hier immer wieder, vor allem im Frühling und bei Vollmond, seltsame Gestalten zu den Gräbern pilgern und nächtliche Rituale stattfinden. Tags darauf seien dann die Spuren dieser Treffen im Wald auffindbar. Farbige Bänder, rituell gelegte Hölzer in Runenform, Tierknochen gar.

Beginnen wir die Suche nach dem Okkulten am Beginn des Wanderweges 7, in der kleinen Sankt-Jakobs-Kirche von Aunham, ganz am westlichen Ende von Bad Birnbach. Zentral auf dem Altarblatt der geköpfte, aus dem kopflosen Rumpf pulsierendes Blut verspritzende Johannes. Ideal zum Besuch wäre im Sommer der 24. Juni, der Johannestag, Gründungstag der Freimaurer-Logen. Und Zeit der Sonnwendfeuer.

Diese so seltsam allein außerhalb des Ortes stehende Sankt-Jakobs-Kirche in Aunham bedeutet ein gotisches Juwel mitten auf dem bayerischen Jakobsweg. Wirklich ein idealer spiritueller und okkulter Einstieg zum Abenteuer »Keltische Totenstadt«. Denn genau hier, auf der anderen Straßenseite, beginnt der beliebte Wanderweg 7 hinauf zur Aunhamer Nekropole. Er führt am Golfplatz Bellavista vorbei, doch unser Ziel ist beileibe nicht Golf, sondern das Weiterleben der Ahnen am magischen Platz. Bad Birnbach bedeutet: Erdkräfte und heilende Quellen spüren. Bald sind wir im Wald der Ahnen, die lange, lange vor dem Bäderboom des 20. Jahrhunderts die Kraft der unterirdisch verlaufenden Quellen gespürt und daraus Kraft geschöpft haben.

Aunhamer Nekropole, zweitgrößte Keltengrab-Kultstätte in Bayern, neben der herrlichen Nekropole Herrgottsruh im Mühltal an der Würm. Wir erfahren auf einer Hinweistafel: In diesem Waldstück nordöstlich von Untertattenbach, dem sogenannten Aunhamer Spitz, da finden sich nachweislich mehr als 114 Grabhügel, die sich auf einer Breite von ca. 200 Metern durch das gesamte Waldstück ziehen. Bis hin zum sogenannten Giglerhof. Wie ist dies möglich? Vorgeschichte packt die Seele des Ankommenden! Keltische Zeugnisse unserer keltischen Vorfahren und des untilgbaren, in unseren Tagen wieder aufkommenden Ahnenkultes. All dies hier stammt aus der Bronzezeit, die ungefähr von 1800 bis 1200 vor Christus währte.

Die einsame Aunhamer Kirche birgt ein Geheimnis.

Doch wurden, wie Funde belegen, die Ruhestätten auch noch in der Hallstattzeit (ca. 700 bis 500 vor Christus) benutzt. Es handelt sich zumeist um Einzelgräber, die später durch Nachbestattungen zu Familien-Totenlegungen geworden sind. Nachbestattungen? Nicht nur in der Weise, wie wir sie von unseren Friedhöfen her kennen. Wohl auch Menschenopfer? So etwas war in jener Zeit nicht ausgeschlossen. Das hier oben im Nadelwald ist ein extrem unruhiger, linksdrehender Ort, der Wespen, Hornissen und vor allem Ameisen anzieht und der den Waldboden mit überwucherndem Dornengestrüpp bedeckt. Man entdeckt zwischen den alten Hügelgräbern interessante Spuren von neueren Kulten und Ritualen, Einheimische wundern oder ärgern sich über den aktuellen Kraftortkult, der nicht, wie vom Fremdenverkehrsamt gewohnt, in Geld umgesetzt werden kann. Hier geschah irgendwann Unaussprechliches, aber eben: Keiner spricht drüber.

CHARAKTERISTIK Waldwanderung mit der unvergleichlichen Faszination eines Hügelgräberfeldes. Dieses wurde ja nicht zufällig genau hier angelegt. Unterirdische Quellen sind deutlich erspürbar.

START- UND ENDPUNKT Sankt-Johannes-Kirche mit dem typischen lang gestrecken Spitzturm in Aunham.

VERLAUF Von der Kirche aus wie beschrieben. Leichter Anstieg neben dem heutigen Golfplatz. Feste Schuhe.

EINKEHR Birnbach und die Umgebung sind berühmt für die lokale Gastronomie. Jedes Lokal empfehlenswert. Tipp: der Hasenreiter im nahen Haarbach.

GEHZEIT Ca. 2 Stunden.

AUSRÜSTUNG Im Sommer darf's luftig sein. Aber mindestens Turnschuhe. Im Wald oft Dornengestrüpp.

66 RINGELAI IM BAYERISCHEN WALD

HEXENPLATZ UND HEXENMUSEUM

Hexen! Allein das Wort löst wilde Gefühle aus, Anteilnahme, Sensationsgier, Ablehnung vor allem des vergangenen Umganges mit sogenannten Hexen. Sogar liebenswerte Kinderbücher lassen sich mit Hexen herrlich beleben. Die Verfolgung Andersdenkender oder das Heranziehen von Sündenböcken ist allerdings nicht nur in unseren Landen festzustellen. Schon in germanischer Vorzeit wurden Verdächtige von Schadenszauber unbarmherzig verfolgt und grausam vernichtet. Und die Annahme, Hexen seien im Mittelalter verfolgt worden, stimmt so nicht. Es war eher die Frühe Neuzeit, die solchen geistigen Wahn zuließ.

Wir werden fündig mitten im Bayerischen Wald: In der heutigen Gemeinde Ringelai unweit von Freyung/Grafenau hat im Jahre 1703 die letzte Hexenverbrennung im Fürstbistum Passau stattgefunden. Bei der Suche nach hochenergetischen Kraftplätzen, vor allem jenen mit eher unheimlicher spiritueller Inschrift, bleibt der Bayerische Wald ein Muss. Die ungebrochene Urkraft der Natur ist hier noch in weiten erwanderbaren Gehölzen spürbar. Und wenn sich über die sanft gezogenen Höhenrücken die bergenden und verschleiernden Nebel der Herbstmonate senken, dann gewinnt der alte Naturglaube, auch der Aberglaube, Oberhand über das aufgesetzte Christentum.

Über Mühldorf, Bad Birnbach, Aidenbach, Ortenburg, Vilshofen, Aicha, Tittling, Wolfersreuth – nach Ringelai. Immer die Glasstraße entlang, das abstrahlende Quarz im Erdboden ist spürbar. Allein schon der Name. Ringelai klingt wie ein Zauberwort.

Hexenkraft. Denken Sie an das Grimm'sche Märchen von Jorinde und Joringel. Da hat die Hexe, die Hagasuzza (die auf der Hecke sitzt), eine Bannmeile errichtet. So wie hier. Sie sehen bald das Hinweisschild »Hexenmuseum«. Ein befragter Einheimischer macht aber auf den alten Hexenplatz aufmerksam, den historischen Hexenstein von der Bärlochhöhle, der bis heute Okkultisten und Künstler aller Couleur anlockt. Sie fahren den sogenannten Freudenhain hoch, rechts am Hotel vorbei, dann geht es links nach oben. In den Wald. Wieder links ein kleiner Parkplatz. Die Energie nimmt spürbar zu! Rechts eine kleine Steigung hoch: der Hexenkreis. Ein linksdrehender Naturkreistempel, teils von Menschenhand, teils von der Natur. Hier mischen sich so viele Realitäten. Sie entdecken, je nach Zeit und vorangegangenen Ritualen, mehrere Steinkreise mit wechselnden Kult-Rückständen. Im Innern des großen Kreises gewinnt die Fantasie Flügel, Sie staunen über die positive Zauberkraft. Gar nichts Erschreckendes.

Dem Scheiterhaufen entkommen?

Erschreckend ist und bleibt indes, wie man dereinst mit den weisen und wissenden Frauen umgegangen ist. So werden Sie im nahen Hexenmuseum an die unsäglichen Grausamkeiten des damaligen Umgangs mit Zauber(innen) erinnert. »Das Museum im Hotel Gross dokumentiert Ihnen anhand der Originalprotokolle die Justizmorde aus der dunklen Zeit der Verfolgung. Ein exakt rekonstruierter Scheiterhaufen stimmt auf die grausame Justiz früherer Jahrhunderte ein«, so die Selbstdarstellung im Begleittext. Auch die Internetseite zeigt einen Foltergalgen. Querdenker, Nicht-Konformisten aller Art und Vorausdenker, vor allem erfolgreiche Heiler ohne Schulmedizin: Die Verfolgung hält an, vielleicht nicht gar so grausam und bösartig, aber zumeist auf andere Weise wirksam.

CHARAKTERISTIK Der bis in die Neuzeit unbarmherzigen Hexenverfolgung auf der Spur.

START- UND ENDPUNKT Ringelai, Dorfstraße. In der Ortsmitte das Hotel.

VERLAUF Am Hotel in der Dorfmitte rechts vorbei, dann links den sogenannten Freudenhain hoch. In den Wald wie beschrieben, mehrfaches Verweilen in Bannkreisen ergibt sich von selbst. Wenn Sie Ihren eigenen besonderen Platz im Wald gefunden haben, sollten Sie länger bleiben. Ihre Fantasie tut das Nötige.

EINKEHR In Buchendorf Gaststätte Haller. Im Sommer mit kleinem Biergarten.

GEHZEIT Insgesamt kaum mehr als 1 Kilometer. Sie stehen aber oft und staunen oder denken nach. Ca. 1 Stunde.

AUSRÜSTUNG Turnschuhe oder Wanderschuhe. Insgesamt ca. 500 Meter Höhenunterschied.

67 MOORGEBIET NAHE BAD BIRNBACH

MISTGABELMORD IN NIEDERBAYERN

Mordwerkzeuge gibt es wohl so viele wie Kriminalromane. Einigermaßen selten, aber in ländlichen Gegenden schnell zur Hand: die Mistgabel. Und damit wird durchaus gemordet. »Mistgabelmord? Ich höre wohl nicht recht?« Der stämmige Niederbayer deutet in eine bestimmte Richtung. »Im Feuchtgebiet«, sagt er dann – und lässt mich mit dem Halbwissen über einen unheimlichen Mordort stehen, einem Lost Place, von dem hier wohl viele vieles wissen, aber keiner ein Wort spricht. Also nachforschen. Die Gegend absuchen. Dann höre ich immer wieder von dieser mysteriösen Gewalttat mit einer Mistgabel und sehr viel Gewalt und Affekt.

Ried – nähe Birnbach? Im Internet, nichts. Keine nachlesbare Literatur. Also hinfahren, fragen. Wieder nichts. Doch! Es gab da einen Mord. Und kollektives Schweigen. Nur immer wieder das Wort »Mistgabel«. Wie der Mistgabelmord (all das klingt, wenn man das Tatwerkzeug vor Augen hat, eher nach ungeplantem Totschlag), wie denn dieser Gewaltdelikt mit Todesfolge wirklich ausgesehen hat? Immerhin hat der niederbayerische Mistgabelmord sogar die Kult-Krimi-Serie *Der Bulle von Tölz* inspiriert: Da wird in einem Dorf mit Namen Schwaigham ein Bauer mit einer Mistgabel niedergestochen und später, damit's auch hält, mit dem Hammer erschlagen. Das wäre dann wohl ein Fall für die viel beschäftigten Pathologen, hinterher auf dem Seziertisch festzustellen, wodurch denn nun der Tod eingetreten ist. Mistgabel oder Hammer?

Der originale Mistgabelmord geschah im Umkreis des Kur- und Badeortes Bad

Ein Mordwerkzeug – sicher nicht keimfrei!

Birnbach. Die nähere Umgegend fällt eher durch Madonnen-Heiligtümer auf als durch Lost Places. Doch das kommt daher, dass man hier früh gelernt hat, nicht über alles zu reden. Sondern nur davon, wie gesund die Luft sei und wie gut das Thermalwasser und das Essen tun. Feuchtgebiete gibt es genug, zumeist in den nahen Rottauen. Wer dort, abseits der nummerierten Touristenwege, seine Runden zieht und die Einsamkeit sucht, der fühlt es sofort, das Unheimliche. Also nochmals fragen.

Rings um Bad Birnbach erschrockenes Schweigen: »Man hat hier gelernt, über vieles nichts zu sagen«, höre ich dann von einer Einheimischen, die ich lange kenne. Ried? Vielleicht kein Ortsname, sondern eine Bezeichnung. Ried steht oft für ein Moor oder ein Feuchtgebiet: Das macht diesen unheimlichen Ort einer gewesenen Gewalttat vielleicht so anziehend. Er ist überall und nirgendwo. Ried gibt es wirklich: Ab Birnbach nach Untertattenbach, Obertattenbach, Kirchberg – Ried!

Fahren Sie her und wandern Sie. Wandern können Sie hier in jede Richtung. Aber bitte nicht in Moorgegenden! Wie sehr in diesem Umfeld das Dunkle waltet, zeigen zahlreiche Sagen. So soll im benachbarten Kurort Bad Griesbach der Teufel selbst einen Stein vergessen haben. Eine krude Hexensage vom Rottal kennt die hiesige Gewaltbereitschaft, die meist von Alkohol und Dauerschweigen verdrängt wird. Einst zog ein Bursche durch die Rottauen, als ein Schwarm Gänse ihn überflog. Er zog sein Messer hervor und schleuderte die Waffe in böser Absicht auf die Vögel. Fort waren das Messer und die Tiere. Später nach Jahren bestellte er sein Essen im Wirtshaus: Gansbraten. Die einäugige Wirtin brachte den Braten, dazu das verlorene Messer. »Hat mir vor Jahren ein Wegelagerer ins Auge gerammt …!« Da wusste er – kurz vor seinem Ende: Das war eine verwunschene Hexe.

CHARAKTERISTIK Rottalkrimi. Lost Place im Feuchtgebiet. Lassen Sie in diesem Falle des Überall und Nirgends Ihrer Fantasie freien Lauf. Und die wunderbar geschwungene Landschaft Niederbayerns und des Rottales wird Sie beflügeln.

START- UND ENDPUNKT Bad Birnbach, Ortszentrum, Neuer Marktplatz.

VERLAUF Hier muss Ihr Instinkt entscheiden. Immer Richtung Rott und Rottauen, wegen der feuchten Wiesen und des moorigen Grundes.

EINKEHR Nicht nur Birnbach, sondern die gesamte Gegend ist berühmt für eine einladende und preiswerte Gastronomie. Ideal und mit Bodenhaftung: der Haslberger in Haarbach.

GEHZEIT So lange Sie suchen – und fragen.

AUSRÜSTUNG Wanderschuhe. Outdoorkleidung. Gegebenenfalls einen Regenschirm.

68 ALTE MAUERN IN CHAM

TEUFELSKUTSCHERSAGE UND KALTE RAUHNÄCHTE

Rauhnächte. Die Zeit zwischen den Jahren. Sie sitzen in der Stube. Da! Ein Rütteln am Fenster, ein wütendes Anklopfen. Rösser schnauben, der Gespensterfuhrmann leert Flüssigkeit in Fässer, aus Wasser wird Wein. Und das bei Minus-Temperaturen. Es weizt, es geht um!

Cham im nordöstlichen Bayerischen Wald bildet auf der Karte mit Neuburg vorm Wald, Waldmünchen und Furth im Wald eine Raute. Der Name deutet für den Kenner auf keltische Wurzeln: Cham, Cambridge, Chemnitz, Kempten. Im Namen Chamb steckt wohl das keltische Wort »kambos«, das mit krumm oder gewunden übersetzt wird. Die Geschichte der Stadtpfarrkirche mit dem Jakobus lässt sich bis ins Jahr 1210 zurückverfolgen. Die Stadt liegt am moorigen und erdigen Regen, der Fluss durchquert in vielen Windungen die Chamer Senke und beschreibt hier einen malerischen Bogen. Eben den Regenbogen, der den schönsten Platz Chams umfließt. Sie sehen das rote Mauerwerk vom Biertor, einem Teil der ehemaligen Stadtmauer, früher Burgtor genannt. Das stand auf dem Gelände des angrenzenden Altbaues der Burg, und die ist natürlich von Sagen umrankt. Besonders wenn die dunklere Jahreszeit eiskalte, seelengreifende Winde vom Böhmerwald bis hierher treibt (der berüchtigte Böhmische), wenn es in den Rauhnächten umgeht, dann werden die unheimlichen Sagen richtig lebendig.

Und eine aus der Umgegend des unweiten Grenzlandes geht so: Der Wirt fuhr in einer neumondfinsteren Rauhnacht jäh aus dem trunkenen Schlaf. Knorriges und

Hier verwandelte der Teufel Wasser zu Wein.

hartes Klopfen am Fenster, Rütteln und Poltern. Ein seltsamer düsterer Fuhrmann, dessen Auftreten und Erscheinen nichts Gutes ahnen ließ. »Wieder Rauhnacht!«, sagte der nur. Menschen, auch Gespenster, reden hier selten viel. Die schwarzen Rösser mit eisernen Ringen in den Ohren scharrten. Zwei Wolfsbeißer zerren am Wagen, Dorn und Zahn heißen die. Der seltsame Fremde pumpt Wasser in den Scheffel für die Pferde, die saufen kurz und gebärden sich seltsam. Wein statt Wasser! Diesmal aber ist es nicht Jesus, der Wasser zu Wein wandelt, sondern der … genau, der Teufel! Doch der Wirt wird gierig. Er will Gewinn aus dem schwarzen Wunder schlagen, wartet ein Jahr, lässt dicke Fässer schäffeln. Der Fuhrmann kehrt wieder, grob lachend. Aus den Fässern schlägt weder Wasser noch Wein, sondern loderndes Feuer. War eben doch der Teufel. Und der kennt seine Pappenheimer genau, beherrscht das Spiel mit der Gier und dem Immer-mehr-haben-wollen.

Probieren Sie es aus, aber bitte vorsichtig. Sitzen Sie hier bei Vollmond auf einer der Bänke am Regenbogen, dann wird Ihnen die Sage verständlich. Gier als Tor zur Hölle. In Rauhnächten allerdings sollten Sie die gesamte Gegend meiden, denn der Spruch »Es geht um.« kommt bestimmt nicht ohne Grund daher. Als Rauhnächte werden die zwölf froststarren Nächte um den Jahreswechsel herum bezeichnet. Genau dann steht das Tor zur Geisterwelt offen. Und über diese Gruselnächte, in denen es draußen bitterkalt ist, in denen es umgeht und auch die Seele erschauernd fröstelt, existieren hier in der Gegend zahlreiche Weizgeschichten, also unheimliche Geistergeschichten. Die sind, wenn man genau hinschaut, wahrer als man denkt.

CHARAKTERISTIK Sie sind in jeder Hinsicht im Wald. Ahnengeister, Sagen und der Böhmische, ein schneidender Wind, der durch die Seele hindurchweht.

START- UND ENDPUNKT Regenbogen, herrlicher Platz. Von hier aus geht's überallhin, bei der Altstadttour die Kirche nicht auslassen.

VERLAUF Nach eigener Laune und Zeit. Schöne Sitzgelegenheiten am erddunklen Fluss.

EINKEHR Zahlreiche Altstadtlokale mit guter Küche, wie im Bayerischen Wald üblich.

GEHZEIT Mit Altstadt ca. 1 Stunde.

AUSRÜSTUNG Je nach Wetter und Jahreszeit. Keine Bergausrüstung nötig. Bei Vollmondtour warme Kleidung – und ein Kreuz. Man weiß nie.

69 KÖSSLARN IM ROTTAL

URALTES GESÄG, QUELLENPFORTE UND DAS RAUNEN DUNKLER MAUERN

Wenn eine Kirche wie eine Burg ausgebaut ist, mit festen dicken Mauern und gar noch einer wehrhafen Außenmauer mit Umläufen und Schießscharten, dann spricht man von einer Kirchenburg. Ist nur die Kirche burgähnlich, stabil und trutzhaft, so haben die Forscher die Bezeichnung Wehrkirche eingeführt. Der Grund aber ist immer eine unheimliche Vergangenheit: Feinde, Angriffe, Abwehr, oft auch Niederlage. Und immer viel Leid.

Nach uraltem Gesäg, nach einer altüberlieferten Sage also, war die so malerische Talsenke von Kößlarn dereinst ein Grafenwald. Hierher kam im Jahre 1363 der Graf von Ortenburg samt Hofstaat an einer großen Wacholderstaude vorbei. Doch des Grafen Pferde scheuten, so die Mär, sie weigerten sich, über den Bach beim Kößlhof zu setzen. Der Mann wusste, Zufälle gibt es nicht. Und er fand beim Zurücksetzen ein Madonnenbild. »Bis anno 1364 das Kösslarner Gnadenbild under einer Cronwett stauden wunderlicher weis gefunden«, so der Originaltext in einer Chronik.

Der Ort hat, vor allem was den Bereich der Kirchenburg mit der sprudelnden Quelle unter dem Hauptportal angeht, zugleich etwas Faszinierendes, auch Heilendes, aber ebenso spürbar Unheimliches. Da ist die Einbettung in eine Hügellandschaft zwischen der erdigen Rott und dem Inn. Dann die seltsame Stimmung auf dem Hauptplatz vor der Kirche. Hier geschah im Laufe der Geschichte nicht nur Gutes.

Lassen Sie, auf dem Portal stehend und das murmelnde Plätschern der Quelle im Ohr, an dem magischen Platz Ihren

Unterm Tor plätschert der Quell.

inneren Film ablaufen. Stellen Sie sich nichts bewusst und mit angestrengtem Willen vor, sondern lassen Sie zu, was der Ort Ihnen zu erzählen hat: ein Real-Historiendrama. Schreiten Sie die sieben steinernen Stufen das Portal hoch zur burgartigen Umfriedung der Wehranlage. Dicke dunkle raunende Mauern. Sie hören unter dem Portal deutlich und ohne Unterlass die Quelle plätschern. Und Sie spüren die Energie des Wasserlaufes. Achten Sie darauf, wie genau an dieser magischen Stelle Ihr Unterbewusstsein verschüttete Tatsachen nicht nur der ortsgebundenen Vergangenheit, sondern ebenso verschüttete Tatsachen Ihres eigenen Lebens nach oben spült. Dann betreten Sie den zugleich bergenden als auch bedrohlichen Wehrgang, betrachten die Fresken an der Kirchenwand. Selbst bei hellem Sonnenlicht fallen die erdig dunklen Farben und die düsteren Szenen auf. Immer wieder begegnen Sie sich selbst. Wenn Sie innen in der Kirche mit hohem Spitzbogen und einer gotischen Halle sind, achten Sie auf den permanenten Dauerbrummton und den stehenden Geruch der Vergangenheit. Zeit hat Geruch und Klang. Vergangenheit riecht und klingt anders als Zukunft. Und die Gegenwart? Schnuppern Sie. Die Gegenwart riecht nach – Jetzt. Eine monumentale Eigenschwingung der Trutzkirche, deren Jakobusfigur nicht zufällig einen schweren Holzknüppel trägt. Sie sind also auf einer ausgewiesenen Kraftlinie, so wie jeder Pilgerweg. Die Figur des Jakobus fällt immer auf durch Muscheln, Schlapphut, Wanderstab, zumeist Stiefel und die obligatorische Wasserflasche. Wenn er einen solchen Totschlagknüppel dabei hat, heißt das: Vorsicht! Der Jakobsweg ist nicht so esoterisch-verträumt und selbstfinderisch wie zumeist dargestellt. Oft ging (und geht) es hier um Leben und Tod.

CHARAKTERISTIK Schwere Historie und lebendige Sage werden hier lebendig und packen Ihr Unterbewusstsein. Sie spüren, warum die Trutzkirche als Verteidigungsanlage notwendig war.

START- UND ENDPUNKT Kirchenportal, die sieben Stufen hoch, unter Ihnen der Quell.

VERLAUF Nach eigener Laune und Zeit. Wehrgang, Kircheninneres, in der Nähe ein Kreuzweg mit Kapelle, dorthin ca. 1 Stunde.

EINKEHR Zahlreiche Altstadtlokale. Vor allem Cipollino, italienisch mit Freifläche und Blick zur Wehrkirche. Und der alteingesessene Bimesmeier, an der Kirche vorbei die Straße hoch.

GEHZEIT Im Ort mit Besichtigungen ca. 1 Stunde.

AUSRÜSTUNG Keine besondere. Der Jahreszeit angepasst.

70 GEHEIMNISVOLLER PFAHL

DUNKLE RITTERSAGEN ZWISCHEN CHAM UND FREYUNG

Wir sind bei der grausigen Sage von einer eingemauerten Frau in selbstleuchtenden Steinmauern der Ruine Weißenstein bei Regen begegnet. Die mittelalterliche Horror-Realstory spielt auf dem geheimnisvollen Pfahl im Bayerischen Wald. Naturwunder Pfahl: ein erdzeituralter, viele hundert (!) Millionen Jahre alter Höhenrücken im Wald, der sich einem Drachen gleich hinzieht und von Burgen, Sagen und Mythen bereichert ist. Man sagt, das Gestein sei eines der ältesten der Erdgeschichte. Denn als vor rund 300 Millionen Jahren bei einem gewaltigen Erdbeben die Erde sich auftat, da quoll flüssiges Siliziumdioxid heraus: heute das milchig-weiß fluoreszierende Pfahlgestein.

Im Nordwesten beginnt das Naturwunder in der Chamer Senke, zieht sich über Viechtach, Regen, Grafenau und Freyung südöstlich bis ins österreichische Mühlviertel hinüber. Das Quarz-fluoreszierende Gestein rührt vom Siliziumgehalt her. Seit dem Computerzeitalter weiß man, dass Silizium Speicherqualitäten hat, es ist für Chips unentbehrlich. Aber auch das Silizium im dortigen Granitboden hat die Kraft, Gewesenes zu behalten. Die Wucht und der Grusel dortiger Ortssagen deutet darauf hin. Wer aufnahmebereit auf den Wanderwegen des Pfahl wandelt, der kann sich in gewesene Gedanken-Cluster einloggen, manchmal gar sehend werden und fantastische Visionen haben.

Die Sage weiß um die Entstehung des Pfahl Folgendes: Im Walde hausten zwei nachbarliche Ritter, der von Bärndorf und jener vom Kolmburg, das heutige Kollnburg zwischen Regen und Cham. Die Ruine Kollnburg kann man heute noch aufsuchen. Sie ist gut auf jeder Karte zu finden. Der eine der Rittersleut hatte einen Sohn, der andere eine Tochter. Also die beiden verloben und die Besitzungen zusammenlegen. Weder Sohn noch Tochter hatten etwas dagegen. Der Jüngling ritt den Pfahl entlang, legte sich zur Rast. Da erschien die Feenkönigin, redete auf ihn ein, er solle ein Feuer anzünden, genau an dieser Stelle schlafen, er würde tags darauf eine Eidechse finden, ein Felsentor würde sich öffnen. So geschah alles. Er sah die Pforte, und vor allem eine neue Braut, die ihn alles vergessen ließ. Männer! So sind sie halt. »Königin im Felsgestein, lass mich mit dir glücklich sein …!«, lallte er. Da nahte die wirkliche Braut, das aufgebrachte Rittertöchterchen, dem längst Böses schwante. »Mein Berthold«, brüllte sie, denn das Burgfräulein wollte nicht aufgeben und ihren Berthold an die Überirdische verlieren. So leicht war das allerdings nicht, diesen von einer Kristallfee bezirzten, verblendeten Burschen in die Wirklichkeit zurückzuholen. Denn der war wie im Drogenrausch, er sah Visionen

Er sah die Pforte … Doch wo?

Donner, Blitz und Feuerstürme

von überwältigendem Glanz und überirdischer Schönheit, sagen wir es ruhig: Er war high und schwelgte in Traumgespinsten, die natürlich für ihn Realität waren. Dann rief die Verlobte gar den Herrgott an. Der erhörte ihre Bitte. Nun wehrte sich die Erdgeistdame mit Zorn. Da ging's los mit Urgewalt, einer biblischen Plage gleich! Donner, Blitz, Feuerstürme. Flammensäulen aus dem tiefsten Schoß der Erde, so unglaublich heiß, das Gestein verschmolz: Der Pfahl war entstanden. Der Jüngling lag reglos da, die Braut schleppte ihn ab zur heimatlichen Burg.

CHARAKTERISTIK Kraftort-Tour der Extraklasse mit lebendiger Sagenwelt. Passen Sie auf, die Kristallfee ist unsterblich und überall.

START- UND ENDPUNKT Zwischen Regen und Cham gibt es zahlreiche ausgeschilderte Pfahlstellen. Ideal zur Sage: die Ruine Kollnburg.

VERLAUF Chamer Senke, zieht sich über Viechtach, Regen, Grafenau und Freyung bis ins österreichische Mühlviertel hinüber.

EINKEHR Überall im Bayerischen Wald ein Esserlebnis. Oder auf einem Pfahl-Granitfels eine Brotzeit am Kraftort.

GEHZEIT Letztlich unbegrenzt. Also nach eigenem Ermessen.

AUSRÜSTUNG Klassische Wanderkleidung. Heute Outdoor genannt.

71 FURTH IM WALD

WO DER DRACHE WARTET

Drachen gibt es. Zumindest als Wächter der Pforte zu Ihrer innersten Seelenhöhle sitzt so ein Urtier – und passt auf, was Sie denken und zulassen. Tief im »Wald« findet seit über 500 Jahren ein Spektakel statt, das zunächst für die Einheimischen und die nähere Umgebung ein aufwühlendes Ereignis war und heute als grelle Tourismusattraktion weit über die Grenzen des Landes hinaus Menschen anzieht: der Further Drachenstich. Da wälzt sich das unheimliche Erdwurm-Monster angsteinflößend über den Platz, erschreckt gar die Zuschauer, will sich an der Königstochter vergehen. Aber der Ritter und Retter naht, er senkt die Lanze und rammt diese dem Feuer speienden Drachen ins Maul.

War das Monster früher ein mit Zeltleinwand überzogenes Ding, inwendig mühsam mit Menschen bewegt, so hat heute auch der Drache Hightech-Qualitäten und ist vermutlich realistischer als ein echter Drache es hätte sein können: »In neun Jahren Planungs- und Bauzeit entstand in der Firma Zollner Elektronik in Zandt ein 15,50 Meter langer, 3,80 Meter breiter, 4,50 Meter hoher und 11 Tonnen schwerer Laufroboter. Die Kosten betrugen 2,3 Millionen Euro. Er wurde am 2. Juli 2010 in Furth empfangen. Etwa 10 000 Menschen beobachteten den Transport mit einem Schwerlasttransporter von Zandt nach Furth im Wald. Der Drache kann bis 1,8 Kilometer pro Stunde schnell gehen, den Kopf heben und drehen, hat eine Mimik, einen beweglichen Schwanz, kann die Flügel bis 12 Meter Spannweite spreizen, 5 Meter Feuer und Rauch spucken sowie brüllen …«, das alles weiß die Internetseite.

Der Superdrache fand sogar ins *Guinnessbuch der Rekorde* Einzug.

Aber der alte Mythos bleibt. Drachen nämlich sind Urbilder der Seele, und so ist der Drachenstich auch gemeint: ewiger Kampf des Guten gegen das Böse. Wer sich mit Kraftorten auskennt, der weiß allerdings: Drachenenergie bedeutet lebendige Erdkraft, damit den belebenden Fluss der positiven und Leben spendenden Erdenergie. Dies alles geschieht, besser: es fließt, zwischen Orten der besonderen Lebenskraft. Der Drache ist immer »das Weibliche«, die Erdanbindung, der Humus, gar der Humor, der Mutterwitz. Aber seit dem Christentum symbolisiert das archaische Erdtier das Böse und Bedrohliche.

Schon der Name Furth im Wald besagt, dass dies hier ein besonderer Lebensort sein muss: eine Furt, die Stelle des gefahrlosen Überschreitens. Und wirklich befand sich die Siedlung Vurte an einer Furt, durch die der Völkerweg entlang der Chamb-Auen geführt hat. Der Fluss Chamb trägt einen keltischen Namen. Ausgegrabene Steinbeile wiesen auf Siedlungen der Ahnen, man begegnete der Jungsteinzeit, so um 4500,

Jetzt – der Stich!

Die Augen des Bösen

lange schon vor Christus. Später, im Mittelalter, 1086 wurde Furth erstmals in kaiserlicher Urkunde Heinrichs IV. erwähnt. Der legendäre Drachenstich lässt sich seit 1590 nachweisen. Wie immer man das grobe Spektakel betrachten und interpretieren mag, das seltsamerweise noch keinen Tierschützer auf den Plan ruft: ein umjubeltes Niederstechen des Urtieres, faszinierend – und unheimlich.

CHARAKTERISTIK Archaisches Ur-Mythen-Spektakel. Alte Tradition, moderner, durch professionellen Fremdenverkehr bestimmter Eventcharakter (leider). Die Stimmung wie bei Volksfesten. Hauptsache, es ist etwas los. Die Leute gehen immer dahin, wo Leute sind. Egal, zu welchem Anlass.

START- UND ENDPUNKT Immer den Leuten nach am Stichtag. Parkplätze ausgewiesen.

VERLAUF Zuschauen, staunen, zittern. Ein Rundgang durch den Ort lohnt immer. Am besten jenseits der Drachenstich-Zeit.

EINKEHR In Furth im Wald und überall im Bayerischen Wald ein Esserlebnis.

GEHZEIT Je nachdem. Stadtrundgang sehr zu empfehlen.

AUSRÜSTUNG Nach Jahreszeit. Es ist zur Stich-Zeit immer August.

72 BOGENBERG

TEUFELSAUSTREIBER BEI VOLLMOND

Ein grauenhafter Wurm kroch aus dem Berg, seine scheußlichen Krallen griffen überallhin … Wo? Unweit von Straubing, am Fuße des Bayerischen Waldes und des angrenzenden Gäubodens gelegen, erhebt sich, das fruchtbare Land dominierend, der Bogenberg. Wie ein erhabenes Schiff wirkt der von der Natur gebildete Keil, ein keltischer Kulthügel mit einer recht geheimnisvollen Vergangenheit. Der Sagen bildende Zauberberg lässt die Donau einen Bogen um die erhabene Höhe machen. Bogenberg.

Auf dessen höchster Stelle erwartet den Pilger heute eine berühmte Wallfahrtskirche, ein ausgewiesenes Marienheiligtum, jedoch mit heidnischer, vorchristlicher Tradition. Verehrt wird, wie bei so vielen ehemaligen Naturheiligtümern und erdgebundenen Orten, die Gottesgebärerin. Und eine wundertätige Madonna hat hier schon viele Wunder bewirkt. Im Zentrum der Kraft steht sie, glücklich und schwanger als Holzskulptur. In einer Nische des Babybauches ist das Kind zu sehen. Selten in der christlichen Kunst, solche Körperbejahung.

Der Pilger findet, bevor er zur Kirche kommt, den geheimnisvollen Burgstall. Der trägt, neben zu Urzeiten versunkenen Baulichkeiten, einen Schatz und eine Schatzsage in sich: Nur alle hundert Jahre wird ein Mensch geboren, der die Fähigkeit besitzt, diesen Schatz zu heben. Einfache Leute zumeist, wie der Schäfer von Schwarzenberg. Irgendwann vermisste der ein verirrtes Tier und stieg spätabends nochmals den Bogenberg hoch. Da! Eine Erscheinung, ein weibliches Gespenst, das ihn aufforderte, den Schatz zu heben. Mit zwei Exorzisten (Teufelsaustreibern) solle er bei Vollmond den Berg besteigen! Das Blendwerk des Bösen solle er dabei keineswegs beachten, immer weitermachen, egal was geschehe. Im Franziskanerkloster fand er die geistlichen Unterstützer. Sie wussten: Hier ging es um die Befreiung einer verlorenen Seele aus des Teufels Klauen. Die Turmuhr zu Neukirchen schlug die elfte Stunde – eine Stichflamme schlug mitten in der Nacht aus dem verwunschenen Berg, der Schatz hatte sich erhoben. Bizarres Szenario entstand, widerliche Urwesen quollen aus dem feuchten Schoß der Erde, piepsende Fledermäuse flirrten umher, schleimiges Getier klebte an den Füßen, Höllenkreischen. Jetzt wurden gar Totenbeine nach ihnen geworfen. Die Exorzisten hielten dem okkulten Blendwerk des Bösen stand. Noch. Der Vollmond goss weißes Totenlicht über den Berg. Jetzt schwoll ein Sturm an, dann eine Sturzflutwelle, doch keiner wurde nass. Blendwerk eben. Da erhob sich der leuchtende Kessel des Schatzes aus dem Berg. Doch nun gebar der Berg einen Wurm, einen scheußlichen Drachen, erweckt und zornig, mit Krallen, die in jede Richtung zupackten. Den Drachenring kann man heute noch als Ringwall erkennen. Die drei Männer ergriff ein Grauen des Todes. Sie flohen. Der Schatz des Bogenberges fuhr ins Innere der Erdmutter zurück, wo er bis heute weilt. Verzweifeltes Jammern der Verschollenen und ein Hohngelächter der Hölle ist heute noch in Vollmondnächten hörbar, denn die drei kamen nimmer wieder.

Zauberberg über der Donau

Wer fühlig ist, der spürt das Unheimliche hinter dem vordergründig christlichen Heiligenkult sofort. Nebenbei: Die weiß-blauen Rauten, die zum Symbol für das ganze Land Bayern wurden, waren ursprünglich das Wappen der Grafen von Bogen.

CHARAKTERISTIK Keltischer Kulthügel, Gruselschatz, man ahnt den Gräuelwurm, der aus dem Berg kroch. Und dazu die christliche Madonna. Dazu herrliche Aussicht, für jeden was. Pilger und Kraftortsucher geben sich die Hand.

START- UND ENDPUNKT Parkplatz in der Nähe der Wallfahrtskirche Mariä Himmelfahrt, oben auf dem Gipfel.

VERLAUF Rundweg, Ringwall, Kirche, viele Wanderlinien in alle Richtungen.

EINKEHR Berggasthof Zur schönen Aussicht.

GEHZEIT Insgesamt ca. 2 Stunden. Zumeist, wenn Zeit ist, verbringt man den halben Tag hier oben.

AUSRÜSTUNG Je nach Wetter, Turnschuhe genügen. Bergschuhe besser.

73 OSSERGIPFEL IM BÖHMERWALD

VERSUNKENE RITTERBURG UND GEPLATZTER RIESE

Unerlöste Geister, die umgehen! Entitäten, die sich nicht von dem jämmerlich Erschlagenen hier im Bayerischen Wald trennen können. Es geht um. Unheimlich und am Ort des Frevels erlebbar. Oder nur Einbildung? Dort, wo sich tatsächlich Fuchs und Hase gute Nacht sagen und gruselige Totenbretter im Wald den Wanderer überraschen, liegt das Bergmassiv des Osser. Ein Berg auf der Grenze zwischen Deutschland und Tschechien, im Lamer Winkel zwischen Bayrisch Eisenstein und Engelshütt gelegen, tief im hinteren Bayerischen Wald, der hier bis 1945 Böhmerwald hieß.

Der Lamer Winkel bietet ein herrliches Ausflugsziel, ein Aufstieg zum Ossergipfel ist keine Hochgebirgstour, eher eine angenehme Bergwanderung zumeist über grauen Granit. Die Tour beginnt ganz in der Nähe von Lam. Eine berauschend schöne Landschaft. Der feste Granit ist mit das älteste Erdgestein – und doch: Immer wieder spürt der Fühlige etwas Unheimliches und Dunkles, das sich in warnenden Ossersagen widerspiegelt.

So soll hier der eigenbrötlerische Osserriese gelebt haben, er saß auf den Berggipfeln und tat nichts. Da er faul, aber naturverbunden war, ärgerte ihn der emsige Fleiß von arbeitsamen Menschen in den Glashütten, vor allem das Roden der Bäume zum Befeuern der Öfen. Zornig rollte er einen riesigen Felsbrocken hinunter zu den Menschen, der gefährliche Riesenstein stoppte aber wie durch Wunderkraft vor spielenden Kindern. Die trafen ihn später, boten dem Unhold zum Schnupfen das

Hier versank eine Burg im Berg.

Springwurzkraut. Er schnupfte. Sind solche Kerle Drogen nicht abgeneigt? Peng! Und es zerriss ihn mit lautem Knall.

Auch soll ein dritter Ossergipfel in ewiger Finsternis der Erde versunken sein. Denn der Zauberberg hatte dereinst drei Gipfel, jeder trug eine stolze und erhabene Ritterburg. Einer der Ritter hatte eine traumhaft schöne Tochter mit wallenden, die Schulter herabfließenden roten Haaren. Beide Nachbargipfel-Ritter wollten daraufhin so eine strahlende Schönheit zur Frau haben. Der sie bekam, war zufrieden, der andere verfluchte beide aus galligem Neid heraus. Da versank der Gipfel seiner Burg samt Burg im Bergmassiv. Negatives Denken – und die nach unten ziehenden Folgen.

Auch florierte der Bergbau, gefördert vom Bayernherzog Wilhelm. Eine Zeche ist heute noch als Fürstenzeche bekannt. Der Sage nach stießen die Bergleute auf eine breite Goldader. Plötzlicher Reichtum, unermesslich. Zu allen Zeiten hat unerwarteter großer Reichtum die Beteiligten verrückt gemacht, die Sinne verwirrt, schlummernde Ur-Laster nach oben geholt. Gier! Das Noch-mehr-Wollen! Nie mehr malochender Bergarbeiter sein, im Wohlstand leben. Aber die Raffgier machte die Menschen zu Lügnern und Kriminellen, sie wollten jetzt den Fund unterschlagen, alles selbst behalten. Bis auf einen Aufrechten, der seinen Charakter beibehielt, der ehrlich bleiben und alles melden wollte … Es bliebe ja immer noch genug. Den erschlugen die anderen Raffbrüder kurzerhand, vergruben seine blutende Leiche in der Abraumhalde. Der Stollen stürzte daraufhin ein, begrub alle für immer. Unerlöste Geister gehen um, bis heute. Wer oben auf dem Sattel den Teufelsstein findet, soll schnell weitergehen.

CHARAKTERISTIK Bergwanderung mit herrlicher Natur und sagenhaftem Hintergrund. Vorsicht vor heimlichen Eingängen in den Berg.

START- UND ENDPUNKT Vom Hotel Steigenberger aus gut ausgeschildert: Zum Ossergipfel. Oder Wanderparkplatz Sattel. Im Ort Lam in Richtung Lambach fahren. Etwas versteckt, gegenüber vom Marktplatz in Lam, zweigt die schmale Straße von der Hauptstraße ab und nach nicht ganz 3 Kilometern führt eine geschotterte Straße nach rechts in den Wald und nach oben.

VERLAUF Aufstieg und Abstieg, viele Wanderlinien.

EINKEHR Brotzeit mitnehmen. Genießen mit Aussicht. In Lam mehrere gute Gaststätten.

GEHZEIT Insgesamt ca. 4 Stunden.

AUSRÜSTUNG Je nach Wetter. Bergschuhe, keine Turnschuhe. Es kann windig sein. Leichte Bergausrüstung.

74 DIE DRUD IM VILSTAL

GRUSELKRÖTENSAGE UND TEUFELSMAUERN

Sei vorsichtig, wenn eine Kröte deinen Weg kreuzt! Es könnte eine verwunschene Drud (Zauberin mit altem Druidenwissen) sein. Und dann … Je nachdem, wie du dich benimmst, so geschieht dir. Und besonders in Niederbayern, im Vilstal. Vilshofen, unten an der breiten Donau, genau an jener Stelle, da die erdfarbene Vils in den Strom mündet. Spüren Sie die seltsam lockende Kraft? Eine Mischung aus erhebend und ebenso unheimlich. Vor allem zur Nachtzeit, am besten bei hellem Mondschein. Dann erwacht hier die Sage von der Drud im Vilstal zum Leben. Die Drud, sie kann überall sein und nirgends.

Ein Vilstal-Radwanderweg wird angeboten für solche, die gerne mit dem Zweirad die Sage erkunden. Und zu Fuß wandern kann man am Ufer grenzenlos. Doch immer gilt, was der Reiz des Unheimlichen bei Ortssagen und Gruselgeschichten bleibt: Es kann überall sein und nirgends, zu jeder Zeit kann die dunkle Mär zum Leben erwachen – und immer überraschend.

Doch wählen wir, neben zahlreichen Stellen an dem erdigen Fluss, die magische Stelle, da die Vils bei Vilshofen sich mit der Donau vermählt. Weilen Sie hier um Mitternacht. Und dann …! Eine Bauerndirn im Vilstal hatte dereinst einen Geburtsfehler, den die Sage nicht näher beschreibt. Sie hinkte von Anfang an, kam eines Tages zu spät daheim an. Der helle Tag war schon angebrochen und böse Kräfte, die es wahrlich nicht gut mit ihr meinten, verwandelten sie in eine Kröte. Da musste sie fortan kriechend leben, bis ein grober Knecht mit gemeiner Willkür einen hölzernen Prügel

Die magische Stelle an der Vils

nach ihr schleuderte und ihr Bein erneut verletzte. Ein anderer Bursche aber, von dem Grobian aufgefordert, die Kröte endgültig zu zertreten, hob das hilflose Tier vorsichtig auf und verbrachte das dankbare Wesen an einen sicheren Platz. Später, der mitfühlende Bursche war längst erwachsen, wunderte er sich, wie die Dinge des Lebens ihm gelangen und er in Wirtshäusern, immer wenn er die Zeche begleichen wollte, den Satz hörte: »Ist schon bezahlt.« Nicht nur das. Eine unsichtbare Kraft folgte ihm und beschützte ihn, was immer er unternahm. Und bei den Frauen hatte er von vorneherein gewonnen. Die verwunschene Kröte von damals war nämlich eine Drud gewesen, die, inzwischen wieder von dem bösen Schadenszauber erlöst, sein Leben schützend und liebend begleitete.

Eine andere Niederbayern-Sage, die wohl auch hier im Vilstal zu verorten ist, weiß dies: Dereinst wandelten Christus und der Teufel gemeinsam auf Erden. (Was für eine Theologie steckt da dahinter: herrlich, sagenhaft!) Der Teufel, stets dem Materiellen zugetan, meinte dann, man solle den Erdkreis untereinander aufteilen. Nun denn. Gut, meinte Christus, aber du musst deinen Anteil an Land mit einer Mauer umgeben und fertig sein, bevor der Hahn kräht. Die Zeit läuft! Der Teufel werkelte, schaffte heran, brach Steine, wo er solche vorfand, mauert wie ein Irrer. Mit seinem glühenden Schweif trieb er tiefe Furchen in den Erdboden, das sollten künftige Wälle werden. Doch dann war die Nacht zu Ende und der Hahn krähte. Der Teufel tobte vor Wut, musste dem Licht weichen. Das Teufelswerk blieb unvollendet, doch werden solch scheinbar sinnlose Wälle und Gräben – wie hier im Vilstal, aber auch anderswo zu sehen – gerne Teufelsmauer genannt.

CHARAKTERISTIK An dieser Stelle der Vermählung der Wasser wird Ihnen der Kern solcher Sagen bewusst. Gutes wird immer vergolten, irgendwann.

START- UND ENDPUNKT Vilshofen, Stadtplatz. Von hier aus sind Sie durch einen Torbogen schnell an der Donau und der Vilsmündungsstelle.

VERLAUF Vom Stadtplatz zur Vilsmündung und zurück. Bei Tag können Sie unbegrenzt vilsaufwärts wandern.

EINKEHR Hotel Wittelsbacher Zollhaus, zwischen Stadtplatz und Donau. Wunderbares Essen.

GEHZEIT Wie beschrieben, ca. 30 Minuten. An der Donau zahlreiche Bänke mit herrlichem Blick über den Strom.

AUSRÜSTUNG Je nach Wetter. Keine Steigungen.

75 TEUFELSJOCH BEI KELHEIM

EIN GEFÄHRLICHES SPIEL

Teufelswand, Teufelstritt, Teufelsjoch … Benennungen mit dem Höllenfürsten deuten immerzu auf einen Ort mit besonders wirksamer Energie hin. Ziemlich nördlich von München, unmittelbar beim wilden Donaudurchbruch, liegt die Stadt Kelheim. Dort lohnt ein Besuch der Befreiungshalle und ein Baden in deutscher Romantik und völkischer Historie.

Wir suchen aber das Unheimliche und die erlebbare Sage: Donaudurchbruch, Teufelswand! Am besten zu Fuß auf das Kloster Weltenburg zugehen. Parkplatz Weltenburg. Beim Schreiten am Donauufer entlang kommen Sie an der Anlegestelle der Donaufähre vorbei. In Sichtweite von Kloster- und Biergartenanlage ist das Donaubett mit den flachen Kieseln ein Muss. Legen Sie sich zur Sommerzeit auf die erwärmten Kiesel und werden Sie eins mit dem Flussbett und der bewegten und bewegenden Flusskraft der Donau. In der Nähe des Klosters, dem gewaltigen Durchbruch nahe, beschleunigt der Strom, er wird enger – unheimlicher!

Die Anlage Weltenburg ist alt, sehr alt. Man spürt: Lange vor dem Christentum wurde hier die Kraft des magischen Ortes erkannt und sinnvoll genutzt. Iroschottische Wandermönche sollen als erste hier gewesen sein. Der Streit »ältestes Kloster Bayerns oder nicht?« muss uns nicht weiter berühren. Denn lange vor christlicher Inanspruchnahme war der Ort als nutzbares und transformierendes Kraftareal bekannt. Der heutige Tempel religiöser Sinne wurde von 1716 bis 1718 von den Gebrüdern Asam im Stil des Spätbarocks erbaut. Gleich beim

Breites Christentum, enges Teufelsjoch: die Anlage Weltenburg

Eingang steht Petrus, der Schlüsselmann, mit einem offenen Buch: ein deutlicher Hinweis für Wissende, dass hier das Geheimnis offen wie ein Buch wartet. Für all jene, die bereit sind, verborgene Zeichen und Symbole zu sehen.

Wenn Sie nicht genug kriegen von der Rundum-Magie des Areals: Eine Schifffahrt durch den nahen Donaudurchbruch empfiehlt sich. Kraft und Lebensenergie des bewegten Wassers zwischen dem magnetisierten Ur-Gestein kann durchaus zur Gleichschaltung beider Gehirnhälften führen. Und da setzt die dunkle Sage an: Der jäh und senkrecht aus den Wassern ragende Felsen wird Teufelswand genannt, nicht weit davon baut sich das erschreckend steile Teufelsjoch auf. Hier wird's im Wortsinne eng, die Donau fließt rapider, wird tiefer und tückischer mit lebensgefährlichen Untiefen. Ein genialer und größenwahnsinniger Baumeister wollte hier die Abstände der Felsen verbreitern … aber wie? Da bot sich der Teufel an. Der aber bietet seine Hilfe niemals an, ohne eine Gegenforderung: Der Teufel vom Donaudurchbruch wollte hinterher, wenn das vermessene Werk getan ist, drei Seelen. Nicht irgendwelche Seelen, sondern die ersten drei, wie sie hier durchkommen. Oh weh, das sind ja bei Festakten und feierlichen Einweihungen immer die Würdenträger. Dann ist es so weit, der Tag der Erstfahrt. Was! Der Teufel traut seinen Augen nicht: Da sitzen ein Hund, eine Katze und ein Gockel in dem schwankenden Kahn. Der Teufel stinkt vor Wut noch mehr nach Schwefel als sonst. Und lauert, bis heute, wie die Spinne im Netz, auf einen Unvorsichtigen, der auf sein höllisches Ränkespiel hereinfällt.

CHARAKTERISTIK Die Wanderung vom Parkplatz zum Kloster Weltenburg zieht sich hin, vorbei an der breiten Donau zur Linken und felsigen Wänden zur Rechten. Sie werden vereinnahmt von der uralten Erdkraft, die dieses breite Flussbett im Lauf der Jahrmillionen geschaffen hat.

START- UND ENDPUNKT Der Bezahl-Parkplatz am Beginn des Fußweges.

VERLAUF Wie im Text beschrieben. Zum Teil, wenn Sie das wollen, auch auf hellen Donauuferkieseln flach hinlegen und eins werden mit dem Uferbett.

EINKEHR Natürlich die Klosterwirtschaft Weltenburg.

GEHZEIT Ca. 2 bis 3 Stunden. Kein Aufstieg.

AUSRÜSTUNG Im Sommer darf's luftig sein mit Turnschuhen. Im Winter macht der Weg weniger Sinn, außer Sie sind ausschließlich Kunst- und Barockfreund (Kircheninneres).

REGISTER

BILDNACHWEIS

Umschlagvorderseite:
Shutterstock (haraldmuc)
Umschlagrückseite:
Shutterstock (Angyalosi Beata)

Inhalt: Fotoweitblick: 12, 13, 14, 16 o., 17, 18, 19, 20/21, 22 o., 22 u., 23, 24, 25, 28, 29, 37, 38, 39, 42 u., 43, 44, 45, 47, 50, 51, 52, 54, 55, 58, 60, 63, 72, 78, 79, 80, 86, 87, 88, 92, 95, 101, 106, 107, 121, 125 u., 128, 129, 130, 131, 134, 135, 145, 157, 95, 160, 167, 170, 171, 173, 186 (Raphael Lichius); Huber Images: 46, 83 (Bernd Römmelt); Imago Images: 90 (Markus Gann), 144 o. (Th G); Look Photos: 95 (Frei, Franz Marc), 156 o. und u. (Wrba, Ernst); Mauritius Images: 67 (Klaus Neuner); Pixabay: 40 o., 41 (Christian Schwartz), 40 u. (Tonyx86), 74 (Andreas Riedelmeier), 75 (satire), 96 (Roy Buri), 114 (Johannes Plenio), 115 (Peter Wurm), 126 (Gerhard Gellinger), 184 (Alexas_Fotos); Shutterstock: 8 (Ingo Menhard), 10/11 (Dmitry Rukhlenko), 26 o. (Kowit Lanchu), 31 (360b), 30 u. (Kishivan), 32/33 (Lana Kray), 35 (Angyalosi Beata), 36 (Juergen STE2705), 42 o. (Eder), 48/49 (Marcel Strelow), 53 (Natali Poroshina), 56 (Video Media Studio Europe), 57 (FloKai), 59, 77 (Altrendo Images), 61 (Rico Markus), 64, 82 (FooTToo), 70 (Borisb17), 76 (Video Media Studio Europe), 84 (Norbert L. Maier), 85 (LittleKnipser), 91 (Johnny Giese), 93 (Volker Rauch), 98/99, 102 (Artem Tkachuk), 103, 112 (Luca Luceri), 104/105 (a4ndreas), 108 (imageBROKER.com), 109 (moreimages), 110 o. (mindscapephotos), 110 u. (PlusONE), 111 (ErichFend), 113 (Umomos), 116, 117 u. (Ricky of the World), 117 o. (Kurt-Georg Rabe), 118/119 (CGGuy), 120 (IT und FOTO Ingo Janek), 118 22(franticoo), 123 (Gaschwald), 124 (John_Silver), 127 (Anton_Ivanov), 154 (Andrejs Marcenko), 155 (Pele61), 132 (Lukas Saalfrank), 134 (tichr), 136 (Werner Lerooy), 137 (SKatzenberger), 138/139 (CA Irene Lorenz), 140, 141 (Alizada Studios), 142, 149 (Jan Hendrik), 143 (Andreas Zerndl), 144 o. (ThomBal), 146 (ER_09), 147 (Tobias Arhelger), 148 (Volker Rauch), 150, 151 (Sinuswelle), 152/153 (AnnyZen), 158/59, 161, 162, 164, 165, 166 (balipadma), 168 (schoppino), 169 (Atomazul), 170, 181 (Martin Erdniss),174 o. (Tyler J. Blodgett), 176 (imageBROKER.com), 177 o. (john dory), 179 o., u. (KK imaging), 182 (Martin Lisner), 183 (Karel Kralovec), 185 (A. Huber), 187 (Mor65_Mauro Piccardi); Wikimedia: 15 (Till.niermann), 34 (Henning Schlottmann), 62 (Richard Mayer), 65 (Boschfoto), 66 (Allie__Caulfield), 68 (Armatus 1995), 69 (Gras-Ober), 71 (LSS3408), 73 (Octagon), 81 (GFreihalter), 94 (Andreas Keller), 100 (Otto Schemmel), 125 (Derzno), 134 (EHaseler), 144 u. (Schorle), 145 (Holger Uwe Schmitt), 157 (Weissenstein), 163 (H. Helmlechner), 172 (Rainer Lippert), 175, 177 u. (Konrad Laberbeck/), 178 (Andreas Mühlbauer), 180 (Simon Waldherr)

IMPRESSUM

Verantwortlich: Carola Holzer, Susanne Then
Redaktion: Mareike Weber
Layout: Akademischer Verlagsservice Gunnar Musan
Umschlaggestaltung: Leeloo Molnar
Repro: LUDWIG:media
Kartografie: Huber Kartographie
Herstellung: Bettina Schippel
Printed in Slowenien by Florjancic

★★★★★

Sind Sie mit diesem Titel zufrieden? Dann würden wir uns über Ihre Weiterempfehlung freuen.
Erzählen Sie es im Freundeskreis, berichten Sie Ihrem Buchhändler, oder bewerten Sie bei Ihrem nächsten Onlinekauf. Und wenn Sie Kritik, Korrekturen oder Aktualisierungen haben, freuen wir uns über Ihre Nachricht an J. Berg Verlag, Postfach 40 02 09, D-80702 München oder per E-Mail an lektorat@verlagshaus.de

Unser komplettes Programm finden Sie unter www.j-berg-verlag.de

In diesem Buch wird aus Gründen der besseren Lesbarkeit das generische Maskulinum verwendet. Weibliche und anderweitige Geschlechteridentitäten werden dabei ausdrücklich mitgemeint, soweit es für die Aussage erforderlich ist.

3. Auflage 2022

Infanteriestraße 11a, 80797 München

ISBN 978-3-86246-702-0